「やりたいこと」×「経済的自立」が
両立できる時代

A New Way to Earn

稼ぎ方2.0

元・LinkedIn日本代表
村上臣
Shin Murakami

SB Creative

はじめに

誰もが「パラレルキャリア」が必要な時代

「日本企業の部長クラスの年収は、タイよりも低い」

経済産業省が2022年5月に発表した「未来人材ビジョン」という報告書が衝撃的な事実を明らかにし、各メディアを賑わせました。

「日本が過去20年、給与が上がっていないこと」、しかも「主要先進国の中で唯一日本だけが上がっていないこと」は、皆さんすでにご存知のことかと思います。

しかし、それでも心のどこかでは、「日本は先進国だ」と信じ、我々を取り巻く現状があたかも普通のことだと思っている人が大半でしょう。

そんな日本人に「日本企業の本当の〝ヤバさ〟」を指摘したのが「未来人材ビジョン」でした。日本は「アメリカや中国に負けている」などというレベルではなく、これまで後進国だと思っていた「東南アジアにも負けている」。

このような例は枚挙にいとまがなく、例えばこれまで日本に出稼ぎに来ていたベトナム人などの外国人労働者が、今となっては日本では稼げなくなってしまったため、本国に出戻る例が後を絶たないのです。「自国のほうがまだ稼げる」ということです。

安いニッポン――。

これはもはや現実のものとなっており、今後日本で収入を上げていくためには（もっというと、下げないようにするためには）、これまでの「1度に1社だけに勤める」という

「20世紀的キャリア観」自体を根本的に改めなければなりません。

たとえあなたが会社員であっても、1社に勤めながら同時に別キャリアを複数作る。そうして「パラレルキャリア」を築くことにより、複数の収入源を確保しなければ、ジリ貧となってしまう時代がもう来ているのです。

▼わかってはいるけど、パラレルキャリアなどできない「2つの原因」

こんにちは、村上臣です。私は2022年3月までリンクトイン・ジャパンの代表をしていました。

リンクトインというと、まだ日本では詳しくは知らない人もいるかもしれませんが、グローバルでは200以上の国々、計8億7500万人超（2023年1月現在）が利用しているビジネス特化型SNSです。「世界人口白書2021」によると、世界の総人口は78億7500万人ですから、ざっと世界の10人に1人は使っています。

海外では例えば展示会などに行って名刺を渡しても捨てられてしまうくらいで、ではどうするかというと、その場でリンクトイン上でつながって、その後のビジネスのやり取りをするのがスタンダードです。「リンクトインに最新のレジュメ（履歴書）が載っていないことは、社会人ではない」といえるくらいで、だからこそ、大学によっては一般教養の課程で「リンクトインの使い方」が授業にもなっています。

つまり、その日本のトップを務めていたということは、「世界の働き方の潮流」のデータが私のもとに集まっていたということです。本書では、この膨大なデータを踏まえ、皆さんに「稼ぎ方の最先端の情報」を届けたいと思います。

さて、自己紹介はこれくらいにして、冒頭の話に戻りましょう。
日本では1社だけでは収入が増えない。だからこそ、誰もが1社に勤めながらも、同時に別キャリアを複数作らなければならない時代が来ている。こう申し上げました。
このことを聞いたあなたは、こんなことを思ったのではないでしょうか。

「とはいっても、そんなことできたらやってるよ」

そのとおりです。「パラレルキャリアを作りましょう」などということは、何もいま私がはじめて言い出したことではありません。こうして最先端の働き方の本を読んでいるあなたでしたら、もう耳にタコができるほど聞かされていることでしょう。

問題は、そんなことを言われても、実行にまで移せる人はほとんどいないということです。なぜでしょうか。大きくは以下の2つの問題があるからです。

原因① そもそも「個」で稼げるコンテンツなんて「作れない」

原因② 仮にコンテンツがあっても「個」では「売れない」

そうです。「別キャリアを作ろう」などと言われても、誰もそう簡単に売れるものなど個人で作れないし、仮にあなたが何かを作れたとしても収入になるほどの金額で売ることなどできない。本当にそのとおりなのかは別として、少なくともあなたはそう思い込んでいるからこそ、パラレルキャリアを実行しようなどとは思わないのでしょう。

しかし、それが本当に「思い込み」にすぎない時代がやってきているといったら、どうでしょうか。

誰もがパラレルキャリアを築ける〝クリエイターエコノミー〟の到来

これまでの「別キャリアを作ろう」というキャリア論は、実際には理想論にすぎませんでした。しかし、実は欧米では、この理想が現実になってきている「現象」が起こっています。

欧米では今、会社員が、勤めている会社とは別で、個人でもキャリアを作るというブームが起こっているのです。それを可能にしたのが、「クリエイターエコノミー」です。

皆さんも近年のNFT熱の高まりで、一度は聞いたことがあるかもしれません。クリエイターエコノミーとは、テクノロジーの発達によって、クリエイターがものを作ったり、売ったりする環境が整ってきた現象を指します。

「そんなのクリエイターだけのものでしょ？」と思われるかもしれませんが、いま欧米で起こっているのは、実はそういった限定的な現象ではありません。欧米では、プロのクリエイターに限らず、一般の会社員が売れるものを作れるようになっています。そして、作ったものを十分な収入源として売ることで、パラレルキャリアを実現する人が増えているのです。

つまり、クリエイターエコノミーは、多くの人がこれまでパラレルキャリアに踏み出せなかった「2つの原因」を見事に解決している潮流なのです。

では、実際にどのように「作るハードル」と「売るハードル」を解消しているのでしょうか。ここで少しだけ、「クリエイターエコノミー」を象徴するテクノロジーについて触れておきましょう（詳しくは第1章でお話しします）。

例えば、「作るハードル」を解消するツールの一つが「Midjourney（ミッドジャーニー）」です。ミッドジャーニーは、AIが説明文やキーワードとインターネット上にある絵を結びつけ、画像を生成してくれるサービスです。

簡単にいうと、自分で絵を描かなくても、「こういう絵を描きたい」というイメージをちょっとした言葉で伝えると、それに合った絵が自動で生成される技術です。「絵を描く」という技術を持っていない人でも、簡単に「絵」というコンテンツが作れてしまうのです。

ほかには、文章の自動生成をする「GPT-3（ジーピーティィー・スリー）」というツールがあり、欲しい文章のタイトルや要約だけを入力すれば、それに基づいてAIが長文を作ってくれます。こちらも同じように「文章力」などなくても、「文章」というコンテンツが作れてしまいます。

クリエイターエコノミーでは、こういった「作る技術などなくても高品質のものが作れる」テクノロジーが次々に出てきているのです。

「とはいえ、仮に作れても、収入源になるような値段で売れないでしょ?」と思う方もいるかもしれません。

そんな「売るハードル」を解消しているツールに、「Fanhouse（ファンハウス）」というプラットフォームがあります。これは個人がコンテンツを有料で提供することを助けるサービスです。買い手に対して、月額課金を取ることもでき、個人が稼ぐことができてい

クリエイターエコノミーとは?
＝誰もが「消費者」から「生産者」になれる

1 「作る」ハードルが下がった

Ex1 クリエイターの技術がなくてもクリエイトできる

例：Midjourney

➜ AIが「絵画」を自動生成

Ex2 発信する技術や時間がなくてもコンテンツを発信できる

例：GPT-3

➜ 簡単なテキストの入力で、AIが長文を自動生成

2 「売る」ハードルが下がった

Ex3 個人がコンテンツでファンから月額課金を取れる

例：Fanhouse

➜ 広告モデルに依存しないので安定した収益

Ex4 趣味が本業と同等の収益に

例：Maven

➜ 「個人」が簡単にオンライン教育コースを始められる

⬇

誰もが個人で稼げる時代
＝誰もがパラレルキャリアを築ける時代

ます。

また、趣味としてやっていたことが、大きな収入源として売れる例もあります。それが、会員制のオンラインスクール（講座）を個人が作れる「Maven（メイブン）」というプラットフォームです。このサービスによって1対1のオンラインレッスンを開催したり、レッスン動画や教材などを配信したりできるようになっており、海外では普通の会社員でも、趣味で培った知見を人に教えることで、収入源にしている人が増えています。

これらはたくさんある例の一部にすぎませんが、クリエイターエコノミーではこのようなテクノロジーが次々に出てきており、多くの人が「パラレルキャリアを持つのが当たり前」の世界になってきているのです。

〝クリエイターエコノミー〟時代に活躍する「稼ぎ方2.0」とは？

「とはいっても、それは海外の潮流であって、日本には来ないでしょ？」と思う方もいるかもしれません。しかし、過去を遡れば「欧米のテクノロジー」と「テクノロジーに端を発した新しい働き方」は確実に日本にも影響を及ぼしてきました。

さらに、日本では今後、大企業を中心に副業解禁の流れが加速すると予測されていますから、一気にクリエイターエコノミーが活性化すると考えられます。

本書では、そんな誰もが「個」で稼げる「クリエイターエコノミー時代」に活躍する最先端の「稼ぎ方2.0」を提唱したいと思います。従来の日本人の働き方である「稼ぎ方1.0」と「稼ぎ方2.0」とを対比する形でまとめたのが次のページの図表になります。

詳しい説明は本文に譲りますが、一言で説明するなら「クリエイターエコノミー」は「楽しんで働いたもの勝ちの世界」だということです。なぜなら、個人の提供するものやサービスが売れるかどうかは、「共感」が重要になってくるからです。

だからこそ、「自分が好きで好きで仕方ないこと」を第二のキャリアに据えるべきです。

そうして、「自己実現」を中心に、「やりたいことを仕事にする」。それにより皆さんの心に生まれる「熱狂」こそが、買い手の「共感」を呼びます。

稼ぎ方2.0とは?

＝

**クリエイターエコノミー時代に
活躍する働き方**

	稼ぎ方1.0	稼ぎ方2.0
目的	会社のため	自己実現
考え方	ルール思考	共感思考
価値基準	予測重視	適応重視
行動	計画的	アジャイル的
人間関係	タテのつながり	ヨコのつながり

「遊ぶように働く人」こそが成功する時代。それが「クリエイターエコノミー」であり、そんな新時代に適した働き方が「稼ぎ方2.0」なのです。

本書はこの対比図を基に構成しています。

まず序章では、「そもそもなぜ今、パラレルキャリアが必要なのか」、日本社会や企業が置かれた環境の変化に言及しながら明らかにしていきます。

続く第1章では、「クリエイターエコノミー」の全容について理解を深めるとともに、「誰もがパラレルキャリアを築ける時代であること」を、事例を挙げながらお伝えします。

そして、第2章では、クリエイターエコノミー時代に求められる「稼ぎ方2.0」とは何か。なぜ「目的」「考え方」「価値基準」「行動」「人間関係」の5つの観点において、考えをアップデートすることが必要なのか、その理由をお伝えしていきます。

そして、第3章〜第7章では5つの観点のそれぞれから、クリエイターエコノミー時代に活躍するために「具体的に皆さんがやるべきこと」をご提案していきます。

読み進めていただけたら、私が提唱する働き方が理想論ではないことがわかっていただけるでしょう。

変わらないことがリスクの時代。ぜひ本書を通じて最先端の働き方に触れ、「稼ぎ方2.0」に一歩足を踏み出してみましょう。

あなたの働き方が変わり、望ましい人生を実現していただくことを心から願っています。

村上　臣

CONTENTS

『稼ぎ方2.0』

はじめに

誰もが「パラレルキャリア」が必要な時代 —— 001
わかってはいるけど、パラレルキャリアなどできない「2つの原因」 —— 003
誰もがパラレルキャリアを築ける〝クリエイターエコノミー〟の到来 —— 006
〝クリエイターエコノミー〟時代に活躍する「稼ぎ方2.0」とは？ —— 010

PROLOGUE

誰もが「個で稼ぐ力」が必要な時代

安いニッポン —— 025
日本の平均年収は「シンガポール」「タイ」より低い!? —— 027
なぜ日本の労働生産性は「低すぎる」のか？ —— 032

日本でも導入が進む「ジョブ型雇用」―― 037
ジョブ型雇用で「ますます」給料は増えなくなる―― 041
「1社に依存」してはジリ貧になる―― 047
会社の外でも稼ぐべき「もう1つのワケ」―― 053

CHAPTER1

誰もが個で稼げる〝1億総クリエイター時代〟の到来

これまでの「キャリア論」は理想論―― 061
日本では個で稼ぐことが難しい「2つのワケ」―― 063
誰もが個で稼げる〝クリエイターエコノミー〟の時代がやってくる―― 065
なぜ欧米で〝クリエイターエコノミー〟が「ブーム」になっているのか?―― 072
テクノロジーの進化で個人がものを「作るハードル」が大きく下がった―― 075
テクノロジーの進化で個人がものを「売るハードル」が大きく下がった―― 080

CHAPTER2

「趣味がお金になるはずがない」も解消されている――088
日本もいずれ〝クリエイターエコノミー大国〟になる――090
「フォロワー数重視」のルールが崩れている――093
時間がなくても「大丈夫」――094
理想論ではなく「本当の意味で」個が稼げるのがクリエイターエコノミー――097

〝1億総クリエイター時代〟に活躍する「稼ぎ方2.0」とは？

キーコンセプト①目的　勝つためにこそ「やりたいこと」を徹底してやる――105
稼ぎ方1.0　会社のため
稼ぎ方2.0　自己実現
キーコンセプト②考え方　ルールに縛られず、「共感」を重視する――113
稼ぎ方1.0　ルール思考
稼ぎ方2.0　共感思考

キーコンセプト③価値基準　予測せず、状況に柔軟に「適応」する――120
稼ぎ方1.0 予測重視
稼ぎ方2.0 適応重視
キーコンセプト④行動　高速で「改善」を繰り返す――125
稼ぎ方1.0 計画的
稼ぎ方2.0 アジャイル的
キーコンセプト⑤人間関係　会社外の人と「ゆるく」つながる――131
稼ぎ方1.0 タテのつながり
稼ぎ方2.0 ヨコのつながり

CHAPTER3

稼ぎ方2.0の目的
「会社のため」から「自己実現」へ

「自分の幸せ」を定義する――140

CHAPTER4

「情動」を起点に動く――147
時間ではなく「仕事の内容」で自分を評価する――152
社会との「接点」をたくさん持つ――155
「何が仕事で何が遊びかわからない」を目指す――159

稼ぎ方2.0の思考法
「ルール思考」から「共感思考」へ

共感を得るためにまずは「自ら共感する」――165
「大きな市場」より、企業にはできない「ニッチな問題解決」を狙う――168
完成品を待つのではなく、「制作過程をすべて」公開する――172
「ナラティブ」を作る――175
「1万人のフォロワー」より「エンゲージメントの高い100人のファン」を作る――181
さまざまな「タッチポイント」を通じてコミュニケーションを取る――187

「人間味」を出す――188
「切り口」を作る――191
「体験してもらうこと」を意識する――194

CHAPTER5

稼ぎ方2.0の価値基準 「予測重視」から「適応重視」へ

すぐに「小さく始める」クセをつける――201
「大規模な市場調査」より目の前の「1人2人の困りごと」にフォーカスする――205
「1つのキャリア」ではなく「複数のキャリア」を持つ――210
「タグ」を流通させる――215
声を聞くための「チャンネル」を複数用意する――217
目に見えている状況の「背景」を読み解く――220

CHAPTER6

稼ぎ方2.0の行動 「計画的」から「アジャイル的」へ

複数のアイデアを「同時に」動かす ―― 227
「2週間×3回」のサイクルで見直す ―― 230
「想定ファン」を探しにいく ―― 233
新しいプラットフォームには「とりあえず」飛びつく ―― 234
ファンの「意見」を取り入れる ―― 237
コンテンツを「1つに絞れたら」やること ―― 240
「常に」新たな機会を求める ―― 242

CHAPTER7

稼ぎ方2.0の人間関係「タテのつながり」から「ヨコのつながり」へ

「会社人」から「仕事人」へと変わる　247
「会社中心」より「プロジェクト中心」で動く　249
「会社軸」より「興味・関心軸」で人とつながる　251
ビジネスカンファレンスやイベントに「参加する」　253
「一度一緒に」プロジェクトをやってみる　255
定期的に連絡を取る「クセ」をつける　260
ファンとは「フラットに」付き合う　262

おわりに

PROLOGUE

誰もが
「個で稼ぐ力」が
必要な時代

Introduction

私はこの本を通じて日本人の働き方を変えていく必要性を訴えたいと思っています。

具体的にどう変えるのかというと、「1つの会社」で働くだけでなく、「複数のキャリア」を同時並行する働き方にシフトしていくのです。

まだまだ気づいていない人もいますが、すでに会社の外にもキャリアを持たなければならない時代は到来しつつあります。

どうして会社の外にもキャリアを持たなければならないのか。
序章ではその理由を明らかにしていきましょう。

安いニッポン

なぜ今、会社の外にもキャリアを持たなければならないのか。

一つの根本的な理由は、「1社で働いているだけでは給料が増えないから」です。

日本の平均給与（実質）の推移を見ていくと、1992年に472・5万円のピークを迎え、以降は徐々に下がっていることがわかります。

2009年にはリーマンショックの影響で421・1万円まで下がり、そこから少し持ち直してはいますが、2018年時点で433・3万円。ピーク時から40万円近く下がっています。

「失われた30年」という言葉があるように、日本はバブル崩壊後、現在に至るまで長期的な経済低迷を続けています。日経平均株価は1989年に3万8915円の史上最高値をつけてから、一度も高値を更新していません。

日本の平均給与の推移

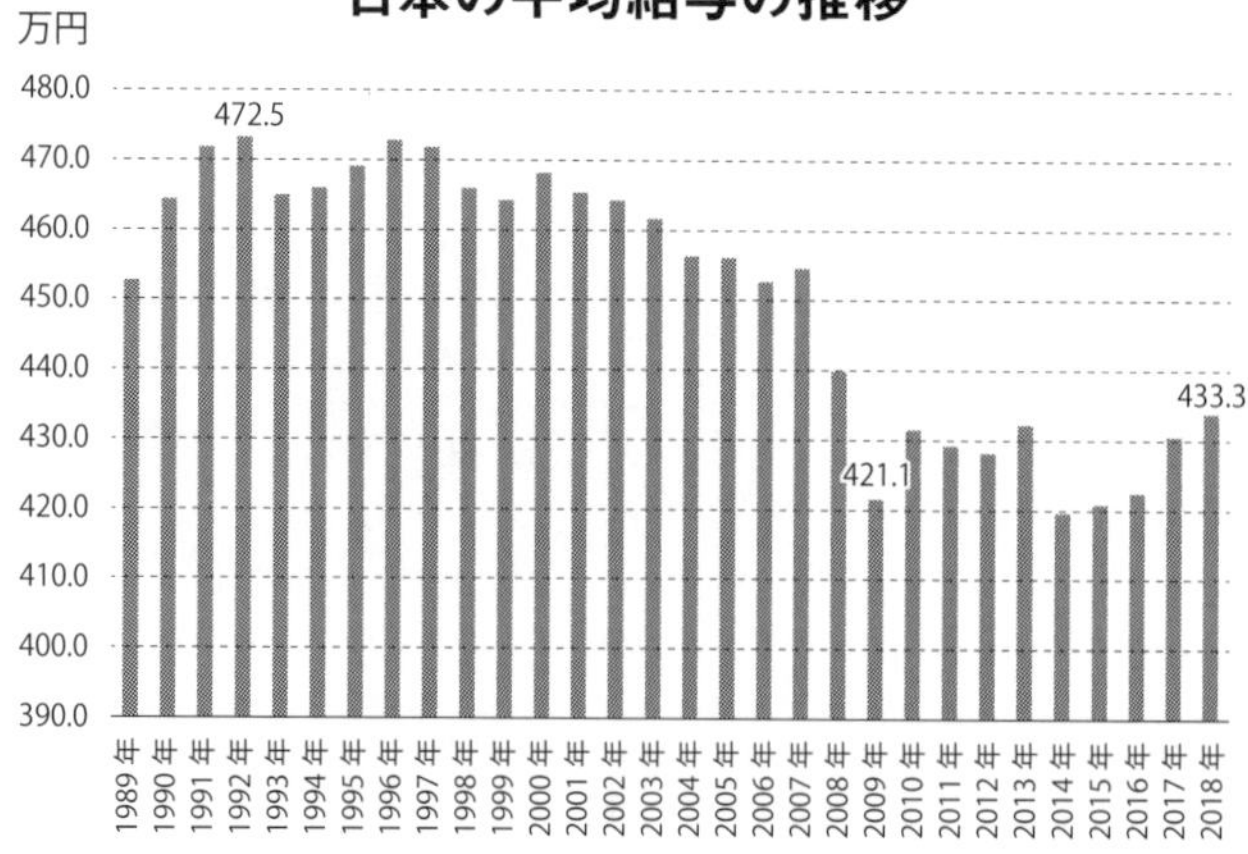

出典：令和2年版厚生労働白書

もちろん国もこの状況を黙って見過ごしているわけではなく、「生産性を向上させよう」「イノベーションが経済成長のカギ」みたいなことを主張してはいます。

けれども、実際には景気回復に向けた展望は見えていません。このまま失われた40年、50年が続く可能性も現実味を帯びています。

皆さんも薄々感じているとは思いますが、このまま給料は増えないと考えるのが現実的ではないでしょうか。

日本の平均年収は「シンガポール」「タイ」より低い!?

そもそも、どうして日本で働く人たちの給料がずっと上がらないのでしょうか。原因は諸説あり、簡単に説明することはできません。ただ、あえて主な原因を挙げるとすると、第一に日本の国際競争力の低下があります。

かつての日本企業はグローバルな競争で強さを発揮してきましたが、バブル崩壊以降は徐々に新興国に追いつかれる状況が目立つようになりました。

GDPは2011年に中国に抜かれ、一人当たりGDPも韓国や台湾に追い抜かれようとしています。

今までは、グローバルで稼いだお金を給料として従業員に還元していたわけですが、国際競争力が低下した結果、それができなくなっているわけです。

このまま国際競争力が低下すれば、給料が増えないどころか、減る危険性も考えられます。

そして、将来の日本を担う子どもたちを育成する「教育」の面でも、日本の国際競争力の低下は如実に表れています。

イギリスの教育専門誌であるタイムズ・ハイヤー・エデュケーション（THE）が世界の大学の中から104の国と地域の1799校を独自の基準でランク付けした「世界大学ランキング」というものがあります。

この2023年版において、日本からランクインしたのは117校。その中で日本のトップは東京大学の39位。2021年版の36位、22年版の35位から順位を下げています。日本で2番目の京都大学は68位であり、200位以内に入っているのは、東大と京大の2校にとどまっています。

ちなみに、ほかに500位台を上回った日本の大学は、東北大学（201〜250位）、大阪大学（251位〜300位）、名古屋大学・東京工業大学（いずれも301位〜350位）となっています。

200位以内に中国から11校が、韓国から6校がランクインしているのと比較すると、ずいぶん寂しい結果です。

そんな日本の国際競争力低下を反映し、今や日本人の給料よりも、タイやシンガポールといった東南アジアの国々の給料が高くなっているという話もあります。

経済産業省によると、日本の大企業の部長職の平均年収は約1714万円。一見すると高そうに思えますが、アメリカ（約3399万円）、シンガポール（約3136万円）、タイ（約2053万円）と比べると、かなり低い水準です。

OECDが発表している平均賃金を見ても、日本は34か国中24位と低迷しています。韓国（19位）には2013年に抜かれていますし、ここ数年ではスロベニア、リトアニアといった中東欧の国々にも抜かれている状況です。

ちなみに、このランキングは円安が加速する前の2021年時点の為替レートで計算されており、現在の為替水準に置き換えると、日本の低落傾向は決定的になると見られています。

実際に、日本の給料が一向に上がらないため、日本に出稼ぎに来ていた外国人が母国に戻ってしまう動きが出てきています。

例えば、日本では近年ベトナム人労働者の数が急増してきましたが、もはや日本で働く金銭的なメリットは薄れつつあります。

経済発展が著しいホーチミンやハノイといった大都市では、日本とベトナムで大きな収入の差はなくなっています。しかも、ベトナムではこれから年10％くらい給料が上がっていくと見込まれています。

あと10年もすれば両国の給料には決定的な差がつく可能性が大です。だったら、母国に帰って普通に働こうと考えるベトナム人が増えるのは当然の成り行きです。

海外からの出稼ぎが減少するのと対照的に、「安いニッポン」に見切りをつけて、海外に出稼ぎに行く人たちも出始めています。

日本では低賃金で働いていた寿司職人や美容師などが、アメリカやシンガポール、オーストラリアなどに渡り、収入が数倍になったという話を頻繁に聞くようになっています。

特にワーキングホリデーの制度を利用できるオーストラリア、カナダといった国では、アルバイトをしながら旅行を楽しみ、なおかつ給料の半分くらいを貯金するような日本の若者がいます。

もちろん海外では給料だけでなく物価も高いわけですが、上手にやりくりすれば1か月20万円くらいは貯金ができます。日本で月収20万円で働いていた人にとっては、どちらが魅力的な労働環境であるかは一目瞭然です。

これまでの日本では、手に職をつけるタイプの仕事をする人たちは、若い頃に下積みをコツコツとこなし、いずれ独立して自分の会社や店を持つというモチベーションを持っていました。

しかし、これからは専門学校で基礎的なスキルを身に付けたあと、すぐに海外を目指すという動きが加速するかもしれません。

少なくとも、今、一流の寿司職人はこぞってニューヨークを目指しています。気がつけば、一線級の職人たちはみんな海外で働いているといった状況が現実のものになるかもしれないのです。

なぜ日本の労働生産性は「低すぎる」のか？

日本の給料が上がらない第二の原因は、年齢や勤続年数に合わせて役職や給料が上がっていく「年功序列」や、定年まで同じ企業で雇用し続ける「終身雇用」といった日本型雇用にあります。

日本型雇用の下では、一度上げた給料は下げることができないので、経営者には文句を言われない程度の限定的なベースアップにとどめたいという意識が働きます。

なおかつ、給料を上げると従業員の年金積立金なども雪だるま式に増えるので、やはり給料を上げることには消極的になります。内部留保が増えても、簡単には従業員に還元できないジレンマがあるのです。

そして3つ目の原因としては、労働生産性が低いという問題があります。

公益財団法人日本生産性本部が発表した「労働生産性の国際比較 2021」によると、

ＯＥＣＤのデータに基づく日本の時間あたり生産性は49・５ドルで、ＯＥＣＤ加盟38か国中23位。

また、一人あたり労働生産性は７万８６５５ドルで、ＯＥＣＤ加盟38か国中28位。労働生産性が比較的低いとされるイギリス（19位）、スペイン（20位）にも差をつけられ、韓国（24位）の後塵を拝しています。

日本には、もともと製造業の分野で労働集約型の改善に成功し、世界を席巻した過去があります。その成功体験が強かったこともあり、ツールを活用してドラスティックに生産性を向上させるような取り組みを行なってきませんでした。

一方で、欧米諸国には労働生産性の向上に成功し、利益率を高め、賞与や給与の原資を作ってきた歴史があります。

こういったところに、「日本では給料が上がらないのに、海外では上がっている」という違いが生じているわけです。

なお、「国際競争力が低い」「日本型雇用の慣行がある」「労働生産性が低い」という３つの要素は、それぞれが不可分に結びついています。

例えば、これから働き方改革などの取り組みが進めば、日本の会社の労働生産性が劇的に改善するかもしれません。ただ、前述した日本型雇用の慣行が変わらない限り、内部留保が積み上げられる可能性が高いので、やはり給料に反映されるとは考えにくいといえます。

逆に、近い将来、日本型雇用がなくなれば、それによって労働生産性が上がる可能性はあります。

というのも、欧米各国の生産性が高いのは、一言でいうと「中途入社が多いから」です。中途入社が多い欧米では、最新のツールやデファクトスタンダード（事実上の業界標準）となっているツールを導入し、効率的な働き方を実現しています。

アメリカのように平均勤続年数が4年程度で従業員が入れ替わっている社会では、業界としてデファクトスタンダードのツールを整えておく必要があります。

転職希望者から「お宅の企業は、こんな超アナログな手法で働いているんですか？　とてもじゃないけど入社するのは無理ですね」と言われたら、採用がたち行かなくなるからです。

例を挙げると、代表的なツールがセールスフォースです。

セールスフォースとは、セールスフォース・ドットコム社が提供するクラウド型のビジネスアプリケーション。営業活動の最適化や業務効率化を目的に、顧客管理や営業管理などの情報管理で活用されています。

セールスフォースを導入すれば、セールスパーソンは、どの会社に入社しても同じツールを活用して働くことができます。その会社特有の仕組みをイチから覚えなくても、前の会社でやっていたのと同じようにセールスの仕事を継続できるわけです。

極端にいうと入社した翌日から即戦力として働けるため、必然的に労働生産性が高まるというわけです。

日本では、1社で働き続ける人が比較的多く、OJTを通じて仕事の仕方をじっくり教える時間的な余裕があります。つまり、あえて労働生産性を上げる必要性に迫られることなく、業務が回るという状況が成立してきました。

そんな背景をもとに、ここ30年あまりの長きにわたって、働き方に大きなメスを入れるのを避け続けてきました。

1980年代にトヨタを中心に日本の製造業が世界の頂点を極めたところまではよかったのですが、その成功体験に味を占め、仕事の進め方や、組織、教育といった分野にほとんど手を付けることがないまま今日を迎えています。

国としても、失業者が少なかったこともあり、転職者をサポートするような効果的な施策を行なってきませんでした。就職や転職に向けて知識や技能を学ぶための職業訓練校のような場はありますが、活用があまり進んでいないのが現状です。

仮にトヨタのような影響力のある企業が新卒一括採用をやめれば、状況は大きく変わるかもしれません。大企業に就職したい学生は引き続き存在するので、それに対応して大学の教育方針が変わる可能性があります。

トップレベルの大学が変われば、高校教育が変わり、日本人の職業観が一変するかもしれません。とはいえ、それが実現するには、少なくとも今後20年近くの時間を要するでしょう。

今現在、企業でバリバリ働いている中堅以上の社員の働き方には、ほとんど影響がないと考えられます。だから、今この本を読んでいる社会人は、自分でいち早く働き方を変えていく必要があるのです。

日本でも導入が進む「ジョブ型雇用」

２０２０年、日本経済団体連合会（経団連）が「ジョブ型雇用を組み込んだ働き方へシフトする必要性」を提言したことにより、「ジョブ型雇用」への注目が集まるようになりました。

ジョブ型雇用とは、企業があらかじめ職務内容や責任の範囲を明示した上で、その職務やポストに対して必要な人材を採用する制度のこと。

ジョブ型雇用では、ジョブディスクリプション（職務記述書）に基づいて採用や人事評価が行なわれることになります。

これまで日本では、業務内容を限定しないまま「総合職」として新卒一括採用を行ない、職種や仕事内容をローテーションさせながら適性を見極める「メンバーシップ型雇用」が主流となっていましたが、欧米型のジョブ型雇用に転換すべきとする考え方が唱えられるようになってきたのです。

いま日本でも、ジョブ型雇用を導入する動きが少しずつ進んでいます。

日本では、ここ数年、大手企業を中心にジョブ型雇用を導入する動きが少しずつ進んでいます。

例えば、富士通は2020年度から国内の幹部社員約1万5000人を対象に、ジョブ型雇用を導入。2022年度からは対象を一般社員にも拡大しています。

KDDIも「KDDI版ジョブ型人事制度」という独自の制度を導入し、「人事」などの大きなくくりでジョブを分ける取り組みを始めました。

ほかにも、日立製作所、資生堂、SOMPOホールディングスなどの大手企業が、続々とジョブ型雇用を導入しています。

国もジョブ型雇用への転換に動き出しており、岸田首相は「年功序列的な職能給をジョブ型の職務給中心に見直す」と発言。具体的には、日本企業に対してジョブ型雇用への移行を促す指針を2023年春までに官民で策定することを明らかにしています。

これに関連して、岸田首相は5年間で1兆円のリスキリング（職業能力の再開発、再教育支援）を行なうことも表明しています。ジョブ型雇用に移行した場合、キャリアアップには学び直しが必要不可欠となることを踏まえた政策といえます。

特に日本では、デジタルスキルが不足しているので、国の後押しによって支援していこうというわけです。

さらに細かいところでは、大企業でも転勤を前提とした異動を行なうのではなく、採用時に勤務地を明示する動きが少しずつ見られるようになっています。

厚生労働省は異動の可能性がある範囲を、企業が労働者に事前に明示することを義務づける法制化（労働条件通知書の改定）を検討しており、現在、法制化に向けての作業が進められています。

これまでは、特に大企業では、会社から転勤を言い渡されたら全国どこにでも引っ越さなければなりませんでした。

転勤は会社への忠誠心を図る手段として利用されてきたわけですが、これからは事前に合意した勤務地でのみ働くことになります。これもジョブ型雇用を意識した制度変更の一つといえます。

「日本の企業がジョブ型雇用に移行している」といわれても、大多数の人にはあまり実感が伴っていないかもしれません。

けれども、実は日本ではジョブ型雇用のようなものは、かなり昔から導入されています。それは何かといえば、いわゆる非正規社員に対する雇用です。

派遣社員やアルバイトなどは、職務内容を限定した上で採用されます。また、基本的に有期雇用なので、契約が終了すれば解雇されることもあります。

実質的に、長らく非正規雇用の領域では欧米型雇用が定着してきたということです。

あるいは、企業が中途採用を増やしていることも、ジョブ型雇用と無縁ではありません。中途採用では、「総合職」としての採用は行なわず、求人票に業務内容を明確に記載し、「営業職」「経理職」といった職務内容を限定した形での採用を行ないます。これは、まさにジョブ型のプロセスといえます。

例えば、デジタル人材が不足している会社が、特別専門職としてのデジタル人材を中途採用するようなケースが増えています。これは、ジョブ型雇用が浸透していることを示す、わかりやすい事例といえるでしょう。

ジョブ型雇用で「ますます」給料は増えなくなる

では、なぜ日本はジョブ型雇用を導入しようとしているのか。

最大の目的は、労働市場の流動性を高めることです。流動性が高まることによって日本全体の生産性が向上し、給料アップにつながることが期待されているわけです。

私自身も、労働市場が流動化するという意味では、ジョブ型雇用の導入をポジティブに捉えています。

ただし、本当に日本で欧米型のジョブ型雇用が浸透していくかどうかについては、懐疑的に見ています。大企業に関しては、正社員を解雇しにくい状況が続くと考えられるからです。

ジョブ型雇用の核心は、「ジョブに人をつける」というところにあります。別の言い方をすれば、「ジョブが先で人は後」ということです。

しかし、日本の会社では「人が先でジョブが後」という考え方が定着しています。大企業では、今でも新卒で総合職採用を行なっています。総合職採用では、社員の能力が低かった場合、「会社の中に職がいろいろあるのだから、ほかの部署に異動させて様子を見ればいい」という発想に向かいます。あくまでも人が先です。

現実には、中小企業では事実上解雇される社員が少なからず存在するわけですが、大企業においては、労働紛争を嫌う経営者の多くが、社員の解雇に消極姿勢を示しています。

本来の欧米型のジョブ型雇用では、ジョブに人をつけるという前提があるので、「ジョブがなくなれば人を雇えなくなる」というルールが明確です。けれども、総合職を抱えている企業では、そのあたりのルールが不透明なままです。

仮に戦略の変更によって、ある部署の特定の職が不要になっても、社員を解雇するという判断にはなかなか踏み切らないでしょう。

結果的に、日本の大企業ではジョブ型雇用が骨抜きにされ、社員を解雇できない「日本版ジョブ型雇用」が浸透するのではないかと危惧するのです。

日本版ジョブ型雇用が浸透していくと、おそらく労働市場の流動性は高まらず、生産性も向上しないので、給料アップは望めないということになります。

ジョブ型雇用はジョブごとの給料の相場が決まっている

そもそも、欧米型のジョブ型雇用が定着したとしても、自動的に給料が上がるわけではありません。

まず、ジョブ型雇用に移行すると、日本型雇用のように年次で給料が上がることはなくなります。「在籍しているだけで自動的に給料が上がる」という期待は、日本の大企業に特有の考え方にすぎません。

しかも、ジョブ型は基本的にジョブごとの給料の相場がおおよそ決まっています。例えば、営業職の給料相場が500万〜600万円だった場合、同じ職で働き続ける限りは、同じ会社にいても別の会社に転職をしても、ほぼ同じ給料を受け取ることになります。

これは、現在の日本で非正規労働を行なっている人が置かれている環境と似ています。非正規雇用では、同じ仕事をしている限り、時給は決まっています。これが正社員にも適用されると考えると、イメージしやすいと思います。

だから、ある程度経験を積み、給料を増やしたいと考える人は、その上のポジションを目指す必要に迫られます。マネージャーやシニアポジションを目指して社内で昇進試験を受けるようなイメージです。

試験に応募する場合は、外部の人材との比較対象となります。

あくまでもジョブが先なので、会社としてはジョブに最適な人材を欲しがります。社内の人がポジションを取ってくれるに越したことはないですが、「一応社外からもいい人を探してみよう」という動機も働きます。

ポジションの募集は完全公募の形で行なわれます。社内外に募集をかけ、同じように面接を行なって、誰を採用するのかを決めるのです。要するに、社内の異動であっても新規の中途採用を行なっているようなものです。

つまり、ジョブ型雇用において給料を上げたいと思ったら、たえずリスキリングを行ない、社内外で転職を繰り返す必要があります。常に激しい労働市場での戦いを強いられるということです。

ジョブ型雇用と人材流動性の関係

ここで少しだけジョブ型雇用と人材の流動性の関係についてお話ししておきたいと思います。

前述したように、ジョブ型雇用でキャリアアップを図るためには、労働市場の競争を勝ち抜く必要があります。

面接を受けて、合格を得ない限りは、社内で上のポジションを取ることはできない。そうなると、「だったら別の会社で働くのもアリ」と考える人も増えます。

あるいは、社内の選考に落ちてしまった場合に、同じようなポジションを得るため、社外の選考を受けようとする人も出てくるでしょう。合格すれば、その人は、当然転職していくことになります。

ほかには、日本ではシニアポジションが用意できないという理由で、社外に出ていく人もいます。

特に外資系企業の場合、日本の市場はそれほど大きくないので、そこまで重要なポジションを置いていないケースが大半です。同じ会社で働きながら上のポジションを目指す場合、本社があるアメリカやヨーロッパ、シンガポールなどで働くことを希望するしか選択の余地がなくなるのです。

ジョブ型雇用では、こうしたもろもろの要素が絡み合い、必然的に転職が増え、人材の流動性が高まるという仕組みです。

現在のところ、日本ではまだまだ中途採用の数も少ないですし、自分がやっているジョブが常に社外に用意されているとは限りません。

転職希望者数自体は増えているのですが、実際に転職を実行した人の数との間にギャップがある状況です。

特に、40代、50代男性に顕著なのは、「今の給料が高すぎて、社外に同じような条件のポジションが見つからない」という問題です。仕方がないので、そのまま今の会社に残るという決断をしている人が多いようです。

若い世代の人たちも、やりたい仕事が見つからなかったり、転職の選考に受からなかったりといった理由で、転職活動をあきらめている人が目立ちます。

転職のハードルをどれだけ下げられるかというのも、人材流動性を高められるかどうかを大きく左右する要素だと思います。

「1社に依存」してはジリ貧になる

さて、ここまで1社にいても給料が増えない理由についてお話ししてきました。

「1社にいても給料が増えない」というと、こんなふうに考える人がいるかもしれません。

「給料が増えないのは残念だけど、このまま会社にしがみついて、給料をもらえれば十分。あえて会社の外にキャリアを築く必要なんて感じない」

しかし、会社にしがみつこうとしても、会社そのものが消滅してしまうリスクがあります。特に日本には中小企業が圧倒的に多いという特徴があります。中小企業庁によると、2016年の中小企業・小規模事業者は約358万。企業全体に占める割合は実に99・7%

に達しています。

東京商工リサーチによれば、2020年の中小企業の休廃業・解散件数は4万9698件となっています。決して他人事ではなく、「いくらなんでも会社はつぶれない」というのは、正常性バイアスと呼ばれる思い込みにすぎません。

特に大企業に勤務している人ほど、うちの会社は大丈夫と思いがちですが、大企業も決して安泰とはいえない状況です。現実に、コロナ禍では創業100年を超えるような老舗企業も倒産を余儀なくされるようなことがありました。

これまで100年安泰だったからといって、この先100年安泰である保証などは1ミリもありません。


また、会社が倒産しないまでも、ある日突然、会社の経営が変わる可能性もあり得ます。これからの日本企業は、外資に買収されることが増えると考えられています。

買収された企業では、一夜にして経営陣が入れ替わり、仕事のやり方や、評価の方法や人事制度といった社内ルールが一新されるようなことも珍しくありません。

この場合、希望退職を募るケースも多いでしょうから、会社の外に出るという選択肢が浮上します。

外に出ずに同じ会社にしがみつくにしても、まるで転職したかのような新しい働き方を強いられることになります。いずれにしても、今までと同じような働き方を維持するのは難しくなる可能性が大です。

仕事そのものがなくなる可能性も

さらに、会社がなくなるどころか仕事自体がなくなるリスクも高まっています。よくいわれていることですが、今後AI・ロボットによって代替され、なくなる職業が増えていくということです。

2015年はオックスフォード大学と野村総合研究所の共同研究により「10〜20年後に日本の労働人口の49％が人工知能やロボットなどによって代替可能になる」と発表され、大きな話題となりました。

マッキンゼーの調査による「未来の日本の働き方」（2020年）では、「2030年までに既存業務のうち27％が自動化される見込みであり、結果1660万人分の雇用が代替される可能性がある」と予測されています。

すかいらーくホールディングスは2021年、ネコのような見た目の配膳ロボットを導入しました。ガストやしゃぶ葉などで食事をするとき、ロボットが配膳する風景は、すでに日常のものになっています。

もちろん、飲食チェーン店などがロボットを導入する背景には、人手不足なのでロボットで代替するしかないという事情もありますが、「人から機械へ」という流れの中で、一部の仕事が消えつつあるのは事実です。

事務系の仕事においても、RPAの導入による機械化が進められています。RPA（ロボティック・プロセス・オートメーション：Robotic Process Automation）とは、人がパソコンで行なっている業務を自動化するテクノロジーのこと。

RPAを活用し、一定のルールに基づくデータ入力作業などをロボットに覚えさせることで、効率的・自動的に処理できるようになります。

例えば、会社では総務部や経理部の社員が行なっていた交通費精算のチェック業務を自動化することで、その分の業務が圧縮されます。

クリニックなどでもRPAを導入し、電子カルテへの入力やレセプト（診療報酬明細書）チェックなどを自動化する動きが見られるようになっています。自動化が加速すれば、医療事務スタッフの求人が減っていくと予想されます。

単純に今まで5人でやっていた仕事が2人でできるということになれば、自動化された仕事に従事していた人は、仕事を続けられなくなるかもしれません。

日本の現状では、正社員の場合、仕事がなくなったからといって簡単に解雇されるわけではありません。ただ、派遣社員や業務委託の場合は、雇用契約を更新しない（雇い止め）の対象になる可能性があります。

少なくとも、職場から人が消えていく傾向は、今後間違いなく加速していくことでしょう。

確かに、ジョブ型雇用を採用している欧米でも、「給料は上がらなくてもいいから、とにかくマイペースに働きたい」というタイプの人は存在します。

現実に、社内にロールが存在していて、必要とされる仕事をきちんとこなしていれば、同じ会社で働き続けることはできます。このタイプの人たちは残業はせず、夕方4時には仕事を切り上げて、趣味や家庭での時間を楽しんでいます。

ただ、彼らも自分のロールが社内から消えてしまう可能性については、常に頭のどこかで想定しています。

例えば外資系企業などにありがちなのは、母国から支社が撤退し、全員が解雇されてしまうような状況です。

この場合は、すみやかに同じようなロールを社外から探すことになります。彼らは給料を上げることには消極的なだけで、1社にひたすらしがみついているというのとは、少し違います。

いざ、仕事がなくなったときに、社外にネットワークを持っていれば、確実に次の仕事は見つけやすくなります。

その社外との接点を作るために有効なのが本業以外の副業を持つことです。副業でのつながりから仕事が得られる可能性がありますし、副業を持っていれば、とりあえずは収入がゼロにならないという安心感も得られます。

だから、副業で本業とは別のキャリアを築くことはリスクヘッジになり得るのです。

会社の外でも稼ぐべき「もう1つのワケ」

会社の外にキャリアを持つべき理由は「給料が増えない」「会社や仕事がなくなるかもしれない」だけではありません。

一つには、社外の空気に触れると、仕事のモチベーションが上がる効果があります。私の周りを見ると、「会社への不満はないけれど、仕事にはいまいち刺激が少なくて退屈している。成長している実感が得られない」という悩みを抱える若者がたくさんいます。

そういった若者の中から、社外で本業とはまったく違う仕事を始める人が出てきています。

例えば、本業では営業職に就いている人がマーケティングに興味を持ち、週に1回スタートアップでお手伝いをするようなケースがあります。

そこでの仕事に楽しみを見いだし、日々の生活に張り合いを持つ人もいますし、最終的に副業でお世話になっている会社に転職を果たす人もいます。

本業以外の仕事を持てば、単に収入が増えるだけでなく、自分の「タグ」が増えることも期待できます。

私は『転職2.0』（ＳＢクリエイティブ）という本の中で、「タグ付け」の重要性について言及しました。

「タグ（tag）」とは、「荷札」「付箋」といった意味の単語であり、ウェブの世界では情報を分類するための単語や短いフレーズなどを指します。皆さんも「Twitter の投稿にタグ（ハッシュタグ）をつける」といった文脈で日常的に使っている言葉だと思います。

「タグ付け」とは、あのハッシュタグを自分にもつけるイメージです。例えば、「ＩＴ業界で、中小企業相手に法人営業をし、顧客理解が得意な人」であれば、「ＩＴ業界」「法人営業」「中小企業相手」「顧客のことを理解するのが得意」のそれぞれがタグになります。このタグの掛け合わせが、あなたの希少性になり、ネットでタグを発信していれば、個人が想起されやすくなります。たくさんタグを持っている人は、周囲から認知されやすくなり、転職や起業、さらに別の副業をする上でも非常に有利になります。

自分のキャリアに強みを付加しようとするとき、多くの人が思い浮かべがちなのは、資格の取得です。しかし、現実には、法律上求められる資格、実務経験を伴う資格以外は、ほとんど効力を発揮しません。つまり、資格単体ではタグになりにくいのです。

資格を取得するなら、本業以外のキャリアを形成するほうが断然おすすめです。「実際に○○の仕事をしたことがある」という実務経験は、非常に強力なタグとなり得るからです。

パーソル総合研究所の調査では、正社員の副業を容認している企業の割合は2021年時点で55％に達しています。すでに副業は当たり前のものとなっています。

企業側としては、副業を容認しないと採用面で不利になりやすいという背景があります。また、「副業での経験が本業のイノベーションにつながる」という期待から副業を容認する傾向もあるようです。

私自身の周囲にも、東京でマーケティングや広報の仕事をしている人が、副業で地方自治体のＰＲを手伝っていたりします。

このように日本の働き方は大きな転換期を迎えています。

過去の実績で未来を予測するのではなく、不透明な未来に備えて、対処法を考えておく必要があります。その対処法の一つが、会社外にキャリアを持つことです。この本では、本業の仕事以外でキャリアを築く上で必要な考え方や行動についてお伝えしていくつもりです。

PROLOGUE

まとめ

▼日本の平均給与は下がり続けており、今後は1つの会社で働くだけでなく、会社の外にもキャリアを持ち、複数のキャリアを同時並行する働き方が必要になる。

▼日本の平均給与が下がり続けているのは、「国際競争力が低い」「日本型雇用の慣行がある」「労働生産性が低い」という3つの要因がある。

▼日本では、ここ数年、大手企業を中心にジョブ型雇用を導入する動きが少しずつ進んでいる。しかし、日本版ジョブ型雇用が浸透していっても、おそらく労働市場の流動性は高まらず、生産性も向上しないので、給料アップは望めない。

▼会社にしがみつこうとしても、会社そのものが消滅してしまうリスクがあるし、さらに、会社がなくなるどころか仕事自体がなくなるリスクも高まっている。

▼本業以外の仕事を持てば、単に収入が増えるだけでなく、自分の「タグ」が増えることも期待できる。

CHAPTER1

誰もが個で稼げる
"1億総クリエイター
時代"の到来

Introduction

序章では、会社の外にキャリアを持つことの重要性をお話ししてきました。
ただ、そうはいっても、まだまだピンときていない人が多いかもしれません。

一方で、今、欧米では「パラレルキャリアを持つ」のが当たり前という「現象」が起こっています。
そして、それを可能にしているのが「クリエイターエコノミー」の到来です。

本章では「クリエイターエコノミー」の全体像を紹介するとともに、普通の会社員が「パラレルキャリアを築ける時代であること」を、事例を挙げながらお伝えします。

これまでの「キャリア論」は理想論

本書で私が「副業」「パラレルキャリア」などという以前に、すでに日本では「副業で稼ごう」「複数のキャリアを持とう」といったことが、さまざまなところで、さまざまな人によって語られてきました。

にもかかわらず、実際に実行に移している人は、まだまだ少数派であるのが現状です。

2022年7月、LINEが全国の18～59歳の男女を対象に行なった調査によると、副業や兼業について「いまはしていないが、いつかはしたい」と答えた人が4割弱で最も高くなっています。

そして、「している」「いまはしていないが、近いうちにしたい」と答えた人は、それぞれ1割程度にとどまっています。

これに対して、「いましておらず、今後もしたいと思わない」と回答した人は、3割以上いることがわかりました。

年代別では、20代、30代の若い世代に副業・兼業への興味関心が高い傾向がうかがえますが、実際に副業や兼業をしている人の割合は、年代によって大きな差が見られません。

ちなみに、副業や兼業をしている人が、何をしているのかについては、多いものからサービス業（22・3％）、ポイ活（ポイント活動）（14・5％）、株／FX（11・7％）、軽作業（10・1％）の順となっています。

以上をまとめると、「多くの人は副業に興味を持っているけれども、まだ実行に移していない。副業をしている場合も、収入のためと割り切って取り組んでいる仕事が多い」といった実態がうかがえます。

書籍やネットなどでは、これまでインフルエンサーたちが「好きなことをして稼ぐ」「会社に縛られないキャリアを築こう」といったメッセージを繰り返し語ってきましたが、現実の世界では理想論にとどまっているようです。

日本では個で稼ぐことが難しい「2つのワケ」

では、なぜ会社の外にキャリアを持ち、個人が自由に稼ぐというスタイルが理想論にとどまり、現実になっていないのか。

大きな理由は2つに集約されると思います。

一つは、「そもそも個で稼げるコンテンツなんて作れない」という理由です。

「特に自分独自の売り物なんてないし、社外にキャリアを作るといっても、学生時代にやっていたアルバイトのような仕事をするイメージしか持てない。ただでさえ、本業で疲れているのに、副業でバイト？　それは無理だな」

こんなふうに考える人が、社外にキャリアを持つことに消極的になっているように見受けられます。

そしてもう一つは、「コンテンツがあっても個で売れない」という理由です。

「イラストを描くのが好きだけど、それがお金になるなんて想像がつかない。仮にSNSで『絵を売ります』といったところで、反応があるとは到底思えないし、出版社とかに売り込みに行くというのもハードルが高そう」

そうやって悶々としている人も少なくなさそうです。

みんなが会社の外にキャリアを持つことに尻込みする背景には、結局のところ「フォロワー至上主義」に対する絶望感があるのではないかと思います。

現実的に、SNSでたくさんのフォロワーを抱え、人気を背景に自由にお金を稼ぐことができるのは一部の人に限られます。

結局、好きなことをして稼いでいるのはTwitterやYouTubeなどでフォロワーをたくさん抱えている人だけ。そう考えて、一歩を踏み出せない人が多いように感じています。

確かに私自身、フォロワーが多い人に対して「自分はかなわない」と感じることがあります。例えば、転職やキャリアの分野でさまざまな情報発信をしている代表的なインフルエンサーの一人にmoto（戸塚俊介）さんがいます。

motoさんは、『転職と副業のかけ算』（扶桑社）、『WORK』（日経BP）などの著書がベストセラーになっているだけでなく、Twitter や YouTube、note などでもたくさんのフォロワーを持っています。

彼の発信力や影響力の大きさを見るにつけ、率直に「自分には同じことはできないな」と感じます。だから、会社の外で個の力で稼ぐなんて難しいと考える人たちの気持ちもわからないではありません。

誰もが個で稼げる〝クリエイターエコノミー〟の時代がやってくる

しかし、前述した2つの理由が解消され、これからは誰もが個で稼ぐことができる時代が現実のものとなります。それを実現するのが、クリエイターエコノミーです。

クリエイターエコノミーとは、一言でいうと消費者として経済活動に参加していた人が、消費側・販売側のどちらにもなれる双方向型の経済圏のこと。

かつて消費者と販売者の立ち位置は明確に分かれていました。しかし、インターネットのテクノロジーによってその垣根が崩れ、消費者が販売者になることができるようになりました。もちろん、販売者になった人は、引き続き消費者でいることも可能です。

「クリエイター」というと、デザイナーやイラストレーターなど、特定のクリエイティブ業界に属している人というイメージがあるかもしれないですが、クリエイターエコノミーにおける「クリエイター」はもう少し広範なニュアンスを含んでいます。

本書ではクリエイターを次のように捉えています。

「クリエイター＝自らのスキルや表現を通じて、何らかの収入を得る個人」

つまり、ゲーム実況を配信して収益を得ている人も、おしゃべりの音声を配信して収益を得ている人も立派なクリエイターです。最大のポイントは「個人」に根差しているところであり、クリエイターエコノミーにおけるクリエイター活動は究極の個人芸であるといえるのです。

クリエイターエコノミーの源流を遡ると、おそらくブログなどのインターネットメディアに行き着くのではないかと思います。

それ以前は、情報発信は4大マスメディア（テレビ、新聞、雑誌、ラジオ）の専売特許となっていましたが、ブログが登場したことで、個人が独自のメディアを持って自由に発信できるようになりました。そして、数多くの読者を持つブロガーが収益化に成功する事例が見られるようになりました。

ただし、かつてのブログは収益手段が広告だけであり、収益化を成功させるには相当なページビューを獲得する必要がありました。

その後、クリエイターエコノミーが本格化したのは、YouTubeやInstagramなどが一般に認知されるようになった2010年代以降です。

スマホの普及に伴い、誰もがスマホで作ったコンテンツを、簡単にInstagramなどに投稿できるようになりました。

Snapchat（スナップチャット）など、画像投稿用のSNSが人気になっているのも、まさにスマホ時代を象徴しています。スナップチャットは、投稿者が閲覧時間を1〜10秒、もしくは無制限に設定でき、投稿が自動的に削除される仕組みに特徴があります。より気軽なSNSとして10代を中心とする若者の支持を集めています。

時代とともに発信が手軽になってきたことで、クリエイターエコノミーに参入しやすくなってきたということです。

収益化という意味では、投げ銭システムの導入がクリエイターエコノミーを加速させる転換点になったといえます。

投げ銭とは、動画や音声、文章などの配信者にファンがお礼のお金を投げ込めるシステムのこと。日本ではSHOWROOM（ショールーム）、台湾では17LIVE（イチナナ）といったライブ配信サービスが誕生し、配信者が投げ銭で収益を得ています。

ほかにわかりやすい例を挙げるとnoteがあります。noteはブログと同じように文章などを投稿して発表できるメディアプラットフォームですが、無料公開と有料公開を選択できるという特徴があります。有料記事は、記事単体でも販売できますし、マガジン単位でも販売できます。

また、投稿した作品に対して、「サポート」という投げ銭機能があり、無料記事に対しても金銭を送ることができます。

NFTで注目が集まったクリエイターエコノミー

近年は、Web3.0時代の到来に関連して、NFTを活用したクリエイターエコノミーにも注目が集まっています。

Web3.0は、ブロックチェーンを用いたコンテンツやサービスの総称であり、「分散型インターネット」などと呼ばれています。

これまでは、何かの情報を発信する場合は、特定のプラットフォームを利用するのが一般的でした。プラットフォームの管理者を中心とする中央集権型のサービスが基本となっていたわけです。

これに対して、Web3.0では特定のプラットフォームに依存せず、ユーザー同士でコンテンツやお金のやり取りができる状況を目指しています。

Web3.0のサービスを利用する際には、企業のサーバーに情報を登録する必要がなく、セキュリティが向上するメリットも期待されています。

NFT（Non-Fungible Token＝ノンファンジブル・トークン）は、特定のデジタルデータ（デジタルアートなど）の取引記録をブロックチェーンに記録していく技術を意味します。簡単にいうと、ネットワーク内で自身が購入した履歴を証明することができます。NFTは誰でも販売することができ、「NFTマーケット」を通じて仮想通貨による売買が行なわれています。やや乱暴な表現をすると、どんなものでもNFT化できるので、クリエイターが販売者になるハードルが一気に下がりました。

現在では、NFTとクリエイターエコノミーがセットで語られることが多いのですが、これはクリエイターが個人で稼げるようになった象徴的な例としてNFTが認知されているということです。

NFTの分野では、OpenSea（オープンシー）、Mintable（ミンタブル）やBitski（ビットスキー）などの多種多様なマーケットプレイスが乱立しています。

こういったマーケットプレイスで、クリエイターはもちろん、一般の人もアート作品を出品・販売し、収益を得ている状況があります。

2021年には当時小学3年生の通称「Zombie Zoo Keeper（ゾンビ飼育員）」さんが、夏休みの自由研究にドット絵のNFTアートを出品し、約380万円の価値がついたことが話題となりました。

この背景には、有名なインフルエンサーがZombie Zoo Keeperさんの作品を購入し、拡散したことで、二次販売（転売）の価格が高騰したということがありました。

今は「NFTバブル」と称される熱狂は下火になっていますが、株と同じように値上がりしそうな作品を購入し、値が上がった時点で売ろうとする投資家も多いので、特定の作品が値上がりする現象が起きるのです。

2022年1月、「Twitterが「プロフィール画像としてNFTを設定できるようになった」と発表しました。レアなNFT作品を持っている人が自慢するために公開しているケースもありますが、プロフィール画像にしているNFTアートを欲しいという人がいれば、マーケットプレイスで売買することもできます。

これにより、NFT画像をプロフィール画像にするユーザーが増え、NFTそのものへの関心も高まりました。

なぜ欧米で〝クリエイターエコノミー〟が「ブーム」になっているのか？

NeoReach Social Intelligence API とInfluencer Marketing Hub の共同調査によると、2021年5月時点でのクリエイターエコノミーの総市場規模は約1042億ドルと推定されています。

また、SignalFire 社のレポート（2021年）によると、クリエイターとして活動している人が世界で約5000万人存在し、200万人以上が生計を立てていると見られています。

欧米では、すでに普通の会社員がクリエイターエコノミーに参加し、普通の会社員が就業後や休日の時間を活用して、クリエイター活動を行なうことがブームとなっています。

私の周りでも、アメリカでは本業に加えて副業クリエイターのキャリアを作る人が多い印象があります。

なかでも最も多いのが動画の配信です。YouTube、TikTok、Instagramなどでライブを行なうなど、クリエイター本人が表に出て表現活動を行なう取り組みです。

それと似たようなものに、趣味の延長で音楽活動をするケースや、絵を描いて販売しているケースなどがあります。

ほかには、自分が作っているプラモデルなどを販売する「ものづくり系」のクリエイターも目立ちます。すでに日本でもヤフオクなどでプラモデルを販売して収益を上げている事例はたくさんあります。

インターネット上のマーケットプレイスができたことで、趣味で作っていたものを販売するという行為はかなり一般的になっています。その気になれば、誰もが今日からクリエイターを名乗れる環境が整っているのです。

さらに、最近はクリエイターの低年齢化も顕著となっています。

2010年前後に生まれた新しい世代の人たちにとって、インターネット上で作品を発表して収益を得る状況はもはや当たり前の日常となっています。

アメリカでは、Roblox（ロブロックス）というオンラインゲームのプラットフォームで自分のゲームを制作し、「Robux（ロバックス）」という仮想通貨を稼ぎ、さらにロブロックス内で課金して遊ぶ子どもたちが増えています。

そんな子どもたちは、5～10年後になれば当たり前のようにクリエイター活動を継続し、本業と副業のキャリアを何事もなく両立させていくはずです。

では、なぜ欧米でクリエイターエコノミーが浸透してきたのか。

理由はいくつか考えられますが、一つは「収益の多角化を目指す人が多い」という状況が影響しているといえます。

欧米の人材市場は非常に流動性が高く、解雇を経験している人の割合が比較的多くなっています。実際に私の周りでも解雇を経験した人はいますし、身近に解雇を経験したことがある人は、ほぼ全員といっていいくらいです。

欧米人は「自分が解雇されるかもしれない」という恐怖心と危機感を常に抱えており、その感覚は私自身も持っています。それゆえ、生活の安定を求め、リスクヘッジとしての副業に取り組む人の絶対数が多くなっているわけです。

そういった背景をもとに、時代とともにインターネットで個人の力を発揮したり、個人の才能を表現したりする場が格段に増えてきました。

今までは施設や人員がなければできなかったようなことが、パソコンやスマートフォンが一つあれば実現できるようなプラットフォームが整っています。そのプラットフォーム環境に、個人の発信を得意とする人たちが飛びつき、思い思いのクリエイター活動を展開しているのが、欧米の現状であるといえるのです。

テクノロジーの進化で個人がものを「作るハードル」が大きく下がった

日本の会社員が「会社の外にも複数のキャリアを持ち、個人が自由に稼ぐというスタイル」に尻込みしている理由として、「個で稼げるコンテンツなんて作れない」「コンテンツがあっても個で売れない」の2つが挙げられるとお話ししました。

しかし、今やテクノロジーの進化によって2つのハードルはほとんど解消されています。

それが「クリエイターエコノミー」です。

例えば、「作るハードル」を解消してくれるテクノロジーの一例が「はじめに」でも触れた「ミッドジャーニー」です。

お伝えしたように、ミッドジャーニーとは、ＡＩが説明文やキーワードとインターネット上にある絵を結びつけ、画像を生成してくれるサービス。要するに、自分で絵を描くのではなく、「こういう絵を描きたい」というのを言葉で伝えるだけで、それに合った絵が自動で生成されるという仕組みです。

例えば、私が「ゴッホ風の村上臣」という指示を出すと、インターネット上にある私の顔写真などをＡＩが分析し、いかにもゴッホの作風らしい作品に仕立て上げてくれるのです。

ミッドジャーニーは、非商用利用なら1アカウントにつき25枚まで無料で利用できるため、画像生成ＡＩを試してみたいと考える人には気軽に利用できるサービスといえます。Twitter や Instagram では、すでに多くの人がミッドジャーニーで画像生成したアート作品を投稿しています。

同様の画像生成ＡＩサービスには、Stable Diffusion（ステーブル・ディフュージョン）やNovelAI（ノベルＡＩ）などがあります。

日本でもLINEでテキストを送信すると、５秒程度で画像が返信される「お絵描きばりぐっどくん」というステーブル・ディフュージョンを活用したLINEアプリなどもリリースされており、公開2か月で登録ユーザーが２５０万人を突破しています。

こういったサービスを利用し、プレゼン資料を作成するとき、ＡＩが生成した画像を挿絵に使うケースも増えています。これまではフリーのイラスト素材を使用するのが一般的でしたが、ＡＩ画像への置き換えが進んでいるのです。

一方、文章から動画を自動生成するツールも、現在世界中で開発が進められており、実用化される日も近いでしょう。

近い将来、画像生成ツールや動画生成ツールは、Photoshopなどの既存のアプリケーションソフトに内蔵されるだろうと予測されています。

これまでは、「富士山を背景にした画像を作りたい」というとき、富士山の写真を自分で撮影するとか、画像素材サイトなどからダウンロードした素材と合成する必要がありました。

しかし、ＡＩツールを活用すれば、思いどおりの素材が見つからずに探し回るといった苦労から解放されます。ちょっとした言葉を入力するだけで素材を作成でき、それを加工して思いどおりの作品を作れるようになるのです。

アニメを制作するときにも細かな背景を描き込む作業が不要となり、相当な効率化につながることが期待されています。

さらに、画像や動画だけでなく、文章を生成するＡＩを活用する方法もあります。

一つの例が「はじめに」でも紹介したGPT-3です。GPT-3（Generative Pre-trained Transformer）は、OpenAIというＡＩ研究機関が開発した事前学習による自然言語技術処理モデルのこと。要するに、文章の生成を行なってくれるＡＩです。

ＡＩによる文章生成はそれ以前から行なわれていましたが、GPT-3が注目を集めたのは、恐ろしいくらいに人間が書いたような自然な文章を生成できるようになったからです。この技術を使えば、人間とチャットを行なっても、まったく違和感のない受け答えができるような世界が実現するのです。

GPT-3で文章を作成する場合、ユーザーは「書かせたい文章のテーマ」「書かせたい記事に含ませたいキーワード（タグ）」「書かせたい内容の説明（サマリー）」を入力します。その上でボタンを押せば、人間が書いたような記事が生成されます。

数行のタグやサマリーを入力しただけで、500〜1000字程度の文章が生成されるので、それを微調整すれば、SNSなどで堂々と発信することができます。

センテンス単位で要素を入力するだけで文章を補ってもらえるので、長い文章を短時間で書きたいときに重宝するのは間違いありません。

GPT-3は売りたいものをアピールするときのセールスライティングにも活用できるでしょうし、自分のファンになってくれた人とコミュニケーションを取るときなど、さまざまな用途で活用できます。特に文章を苦手としている人には、ありがたいツールではないかと思います。

以上、見てきたように、「自分には作品なんて作れない」という人も、クリエイターになることをあきらめなくて大丈夫。今の時代は、代わりに創作してくれるＡＩ技術を利用する手があることを知ってほしいと思います。

テクノロジーの進化で個人がものを「売るハードル」が大きく下がった

では、「コンテンツがあっても個で売れない」に関してはどうなのでしょうか。

「絵を描くのが好きで実際に描いているけど、それが売れるなんて想像もできない。Instagram に上げれば売れるとでもいうの？　無理に決まっている」

「趣味でものを作っていて、自分が作ったものが売れたらいいなって考えるけど、実際問題、素人が作ったものを買ってくれる人なんていない」

そんなふうにあきらめている人も多いのではないでしょうか。

しかし、個人がクリエイターエコノミー市場でものを売ることをサポートするプラットトフォームがあります。クリエイターがファンと交流するための「パトロンサイト」と呼ばれているものです。それを活用すれば、個がコンテンツを売るのも不可能ではありません。

パトロンサイトとは、クリエイターがファンコミュニティを作って、月額課金ができるプラットフォーム全般を指します。もともとは、ミュージシャンやコミック作家を応援するクラウドファンディングから派生したものであり、今では多種多様なクリエイターを支援する場として機能しています。

昔は「パトロン」というと特定の芸術家を経済的に援助する資産家というイメージでしたが、今ではクリエイターを支援する仕組みがインターネット上に展開されているわけです。

パトロンサイトでは、クリエイターとファンが交流できるだけでなく、作品を閲覧・購入したり、協働で何かを創り上げたりすることもあります。いわば「推し活の場」なので、ファンにとってはコミュニティに参加することに価値があり、究極的には何も売らなくても収益化が可能です。

例を挙げると、「はじめに」で触れた「ファンハウス」というプラットフォームがあります。ファンハウスとは、クリエイターがファンから直接収入を得ることができるプラットフォームの一つです。

ファンはクリエイターが提供するコンテンツを有料で閲覧し、クリエイターにメッセージを送って直接交流することができます。

ファンハウスが特徴的なのは、月額継続課金ができる、つまりサブスク型のプラットフォームであるところです。

このプラットフォームがサービスを開始する以前も、個人のクリエイターが決済システムを活用すれば、何かの商品やサービスを提供してお金を受け取ることはできましたが、サブスクサービスを提供するシステムはほとんど存在しませんでした。

そこにファンハウスが登場したことで、クリエイターは継続課金を通じて収益の安定化を図れるようになりました。結果的に、ファンハウスは有力なクリエイター支援サービスの一つとみなされるようになったのです。

もちろん、ファンハウス以外にも類似のクリエイター支援サービスはたくさんあります。

そのうちの一つである「Patreon（パトレオン）」はミュージシャンが開発に関わったクラウドファンディングプラットフォーム。

例えばクリエイターがYouTubeで動画を投稿すると、パトレオンに登録しているファンから支援者（寄付金）を募ることができます。寄付金は任意で決められるほか、サブスク形式にすることも可能です。

パトレオンにはミュージシャンや映像クリエイターなどアート系のクリエイターが支援を募るケースが多いという特徴があり、クラウドファンディングとコミュニティの機能が合体したようなプラットフォームといえます。

そして「Substack（サブスタック）」は、ニュースレター（メルマガ）を収益化するプラットフォームです。

これまでにもメルマガの配信サービスは多々ありましたが、サブスタックはブログの記事を書くとファンに向けてメール配信を行なってくれるサービスです。動画やPodcastなどの音声ファイルの配信にも対応しています。

また、無料でニュースレターを配信するだけでなく、オンライン決済サービスを利用すれば、月額で有料配信にすることもできます。日本でいえば、noteの有料マガジンをイメージするとわかりやすいと思います。

誰でもオンライン教育コースの先生になれる！

何かをイチから創作しなくても、自分が持っている知識やスキルを簡単に売れる環境も整いつつあります。

例えば、「はじめに」でも触れた「メイブン」というプラットフォームがあります。簡単にいうと、会員制のオンラインスクール（講座）を作ることができるプラットフォームです。

メイブンでは、リアルタイムで1対1のオンラインレッスンを開催することもできますし、レッスン動画や教材などをたくさんの受講生に向けて配信することもできます。

こういったプラットフォームを利用すれば、普通の会社員でも自分の普段の仕事を教えてお金を稼げるようになっています。

もちろんオンライン教育サービス自体は目新しいサービスではないですし、今までも個人が講師業を行なうこともできました。ただし、講師になれる人は研修会社に属している人や、講師派遣会社に登録している人などに限られていました。たとえていえば、予備校の先生が大勢の生徒に向けてオンライン授業をするようなイメージでしょうか。

しかし、メイブンなどのプラットフォームを利用すれば、講師と受講生がより近い距離感でコーチングに近いレッスンを行なうことができます。前者との比較でいうと、自宅にいながら個別指導塾の授業を受けられるようなイメージです。個人が運営するオンラインスクールでは、よりエンゲージメント（深いつながり）を高めることができるのです。

ほかには「Teachable（ティーチャブル）」や「Udemy（ユーデミー）」といった、オンラインスクールを作るためのプラットフォームもあります。

例えばティーチャブルはプランごとに受けられるサービスが異なっており、「独自ドメインが使える」「オリジナルのホームページを作って公開できる」「動画以外にテキスト文書やPDFファイルをアップロードできる」などの特徴があります。

ティーチャブルはオンラインスクールの後発ということもあり、自由度が高いところに特徴があります。メルマガと連動したり、ビデオ通話でレッスンしたりといった、さまざまな機能がついています。

ちなみにアメリカでは「Cambly（キャンブリー）」などの英会話サービスがよく知られています。キャンブリーは世界中のネイティブ講師に英会話を教えてもらえるオンライン英会話サービス。ユーザーは学習の目的などに合わせて好きな講師を選ぶことができます。

日本でも英会話学習にキャンブリーを活用する人が増えていますが、英語圏では仕事の空き時間などに副業で講師をしている会社員がたくさんいます。

しかも、オンライン教育コースでの売り物は、ものすごい知識やスキルである必要はありません。インストラクターの肩書きや特別な資格がなくても、プラットフォーム上で受講生さえ見つけられれば、誰でも講師業を行なうことができます。

前述したオンラインスクールのプラットフォームで運営されているスクールは、「デザイン」「アニメーション」「ケーキデコレーション」「コーチング」「マーケティング」など多種多様です。誰もが、本業で使っているスキルやノウハウを提供することで、収益化を図ることができます。

私の印象では、ティーチャブルではフィットネス系のスクールが多く、ユーデミーではプロジェクトマネジメントやウェブ開発などテック系のスクールが多いように感じています。

例えば、本業でトレーニングのトレーナーをしている人が、副業でフィットネス系のスクールを運営して稼いでいるケースもありますし、本業でプロジェクトマネジメントをしている人が、そのスキルを教えて収入を得ているケースもあります。

また、皆さんの中にも、今職場でエクセルの使い方を同僚や部下に教える役割を担っている人がいるかもしれません。それが有料でできるようになると考えればイメージしやすいと思います。

現実に、メイブンやティーチャブルでは、一般的なPCスキルを教えてお金を稼いでいる人がいます。一般的なビジネスパーソン向けには、エクセルやパワーポイントの使い方を教えるスクールや、ITの資格対策講座のようなものも多々あります。

そもそもアメリカではTikTokでエクセルのTipsを配信しているような人が、非常に人気となっています。すぐ使える便利な関数などをショート動画で紹介し、たくさんのフォロワーを得ています。

彼らも、おそらくは本業で日々オフィス製品を使っている普通の会社員なのではないかと思います。もはや「普通の会社員だから売るのは難しい」という前提は過去のものとなっています。

「趣味がお金になるはずがない」も解消されている

趣味的な分野でいうと、「Twitch（ツイッチ）」「Mirrativ（ミラティブ）」などのゲーム配信プラットフォームが登場しており、誰もがスマホで簡単にゲーム配信ができるようになっています。

特にミラティブでは、ゲームとライブ配信を融合させた「ライブゲーミング」の機能を提供しています。ライブゲーミングとは、配信者と視聴者が一緒になってゲームをプレイできるゲームのこと。ライブゲーミングでは、視聴者が配信者にアイテムを買うなどの形で応援することができます。

今後は、自分ではゲームをプレイしない人も、ゲーム実況を見て楽しむというスタイルが増えていくと予想されています。要するに、普段サッカーをしない人が、有料の動画配信サービスを利用して国内外のサッカー中継を楽しむようなものです。

あるいは、前述したロブロックスのように誰もが自分でゲームを作ることができるプラットフォームもあります。もちろん自分で作ったゲームで楽しんだり、友だちとプレイしたりもできますが、それを無料で公開するか、有料化（ロブロックス内の仮想通貨であるロバックスを受け取る）するかを選ぶこともできます。13歳以上の人はゲームを収益化できるので、欧米では特にZ世代の若者や子どもたちが多く取り組んでいるのが特徴です。

日本では「趣味はお金を消費して楽しむもの」「趣味がお金になるはずがない」という根強い思い込みがあります。そのせいで、趣味を極めているにもかかわらず、それを副業にするという発想に思い至らず、最初からあきらめている人もいます。

しかし、需要と供給が一致すれば、何を教えてもお金を得ることができる時代が到来しているのです。

日本もいずれ〝クリエイターエコノミー大国〟になる

もっとも、こういった材料を提示しても、懐疑的な見方をする人がいるかもしれません。

「クリエイターエコノミーが欧米で流行っているらしいことも、それを実現する技術的な環境が整っていることもわかった。でも、あくまで海外の話でしょ？　日本でも同じような働き方がすぐに実現するとは思えない」

そんな声が聞こえてきそうです。

しかし、過去を遡れば欧米の働き方の潮流は確実に日本にも影響を及ぼしてきました。

これまでも欧米のインターネットサービスは、時間をおいて日本に普及するという歴史が繰り返されています。欧米で流行ったプラットフォームの「日本版」が市場に流通し、利用者が増えていけば、一気にクリエイターエコノミーが活性化する可能性があります。

また、日本では今後大企業を中心に副業解禁の流れが加速すると予測されています。私は副業解禁とクリエイターエコノミーは非常に親和性が高く、日本でクリエイターエコノミーを普及させる上で大きなカギとなるとにらんでいます。

というのも、もともとクリエイターの大半はクリエイターの活動だけで食べているわけではなく、アルバイトなどをかけもちしながら活動をするケースが大半でした。ミュージシャンや俳優、芸術家などを目指す人がアルバイトをしているというのは誰でも知っている話です。

これまで本業で会社員をやっている人は、副業禁止などのルールの制約で、クリエイターをしたくてもできなかった人が多かったはずです。これから副業が大々的に解禁されれば、こうした制約はなくなります。そうなれば、会社員の収入を維持したまま副業クリエイターを目指す人のほうが安定的に活動ができるはず。

むしろ、日本のほうがクリエイターエコノミーに向いている環境ではないかと思うのです。

すでにお伝えしたように、今後は日本でもジョブ型雇用の導入が進みます。そして、私は解雇規制が中途半端に緩和される「日本版ジョブ型雇用」が定着するのではないかと見ています。日本版ジョブ型雇用の下では、サボっていてもクビになるリスクは限定的であると考えられます。

アメリカなどでは本業が忙しすぎると、副業に取り組む時間的な余裕がなくなることも往々にしてあります。副業のせいで本業のパフォーマンスが低下すると、解雇の理由になる可能性もあり、そこまで副業にアクセルを踏みきれないジレンマも抱えています。

その点、日本の職場では副業を細く長く続けられる環境が整いつつあります。いずれ「会社の昼休みに副業用の原稿を書く」などという光景が当たり前になるかもしれません。

さらにテレワークがもっと普及すれば、本業と副業の境界線はますます曖昧になります。みんなが本業と副業を同時並行するようになれば、近い将来に日本がクリエイターエコノミー大国になる可能性は十分にあります。

「フォロワー数重視」のルールが崩れている

「とはいえ、自分にはSNSのフォロワーもほとんどいないから、商品やサービスを買ってくれる人もいないと思う」

そんな心配をしている人もいることでしょう。

確かに、クリエイターエコノミーで収益を得るには、ファン（商品やサービスにお金を出してくれる人）の獲得が前提条件となります。しかし、現時点でファンがいなくてもまったく心配はいりません。

どんなに活躍しているクリエイターだって、最初はファンがゼロの状態から始めています。トップYouTuberも、最初はほとんど誰も見ていないような状態で動画をアップし、根気よく取り組み続けたからこそ今日があるわけです。

特にクリエイターエコノミーの場合は、何千人、何万人という単位のフォロワーが必要というわけではありません。

すでにSNSの世界では、フォロワー絶対主義の時代は終わりを迎えつつあります。いち早くその流れを作ったのがTikTokです。TikTokはフォロワー数よりも内容のバズり度を重視するアルゴリズムが働いており、フォロワーが少ない人でもいきなり大バズりするようなケースがたびたび起きます。つまり、良いコンテンツがあればフォロワーが少なくても勝負できるということです。

フォロワーを1万人に増やすのは無理でも、100人のファンに支持され、直接お金を得ることができれば、副業クリエイター活動を成功させるのはそこまで非現実的ではないはずです。

時間がなくても「大丈夫」

クリエイターエコノミーは普段の仕事と無理なく両立することができます。もちろんファンを獲得するためには、それなりの努力が必要ですから、「無理をしないと続けられない」テーマで取り組むのはおすすめしません。

ただ、「好きで楽しめる」と「収益につながる」がクロスしているテーマであれば、モチベーションを維持できると思います。

重要なのは、時間をたくさん注ぐこと（頻度）よりも、定期的にアウトプットし続けること（継続）です。

1週間に一度でもかまわないので、定期的に発信して成果を発表する。継続していればファンが増える可能性は高まります。

YouTubeやPodcastなど情報を発信するツールであれば、「毎週金曜日に定期更新」などのルールを決めておくとよいでしょう。事前に収録を撮りためておいて、計画的に発信すれば無理なく続けられるでしょう。

基本的にどのプラットフォームも、継続的に活動しているユーザーを優遇する傾向があります。ティーチャブルなどのオンラインスクールでも、活動を続けることで信頼を高めていくのがベストといえます。

そして、クリエイターエコノミーはテクノロジーに疎くても参加できます。そもそも、テクノロジーに強いクリエイターのほうが少ないのではないかと思います。

動画配信などを行なう場合は最低限の技術が必要かもしれないですが、マニアックな知識は不要です。クリエイターエコノミーでうまくいっている人たちは、バリバリにテクノロジーに強い人というより、ファンが求めているコンテンツを提供している人たちです。

しかも、前述したように、GPT-3など誰でも気軽に使えるツールがたくさんあります。テクノロジーのハードルが今後下がることはあっても、上がることはありません。

それでも、どうしてもテクノロジーに不安がある人は、得意な人とコラボする方法があります。

今は個人がランサーズなどのクラウドソーシングを通じて、さまざまな仕事を受発注できる時代です。コンテンツのネタを持っている人は動画や文章を発注すれば、クリエイター活動を成立させることは可能です。

理想をいえば、特に受発注の関係ではないクリエイター仲間と一緒に活動することです。仲間と一緒に1つのアカウントを共同運営するのです。わかりやすい例でいうと、

Podcastに「コテンラジオ（COTEN RADIO）」という番組があります。3人のパーソナリティが歴史の面白さを伝える人気番組です。

面白いのはパーソナリティ3人のうち2人が歴史フリークであり、残りの1人は歴史に疎いと自認しているところです。その代わり、素人目線から質問をしたり音源の編集をしたりするなど、上手に役割分担をしています。

このようにチームを作ってコンテンツを創作すれば、スキルを補い合いながらクリエイター活動を続けることができます。心配は無用です。

理想論ではなく「本当の意味で」個が稼げるのがクリエイターエコノミー

日本ではすでに副業でUber Eatsの配達員をしている人や、クラウドソーシング（企業や個人がインターネットを通じて業務を発注する業務形態）サイトを通じて仕事を請け負い、収益を得ている人が増えています。

こういった、インターネットを通じて単発の仕事を行なう働き方は「ギグ・エコノミー」

と呼ばれています。「ギグ（gig）」は、もともとミュージシャンがライブハウスなどで単発で演奏を行なうことを意味する業界用語でした。それが転じて、単発で仕事を請け負う働き方を示す言葉になったものです。

ギグ・エコノミーは、基本的に空き時間を効率的にお金に換える手段です。タスクを決めるのはプラットフォーマーの側であり、そのタスクをこなす人は特定の個人である必然性はありません。

つまり、ギグ・エコノミーは「個人の表現が入る余地はない（乏しい）」というところに特徴があります。

これに対して、クリエイターエコノミーは個人の表現をお金に換える手段といえます。収益化のパターンは大きく2つに分かれます。一つは、個人の表現に対してスポンサーがつくことで間接的に収入を得るパターン。俗に「案件」といわれる方式がこのパターンに当たります。

そしてもう一つは、ファンから直接お金をもらう直接課金のパターンです。現在は、ファンから収益を得ることをサポートするクリエイター支援サービスのプラットフォーム（パトロンサービスとも呼ばれる）が続々登場しています。

単純に課金の仕組みを代行するサービスだけでなく、動画編集など表現活動のサポートをするサービスや、プロモーションページの作成といった営業活動の一部を担うエージェント的なサービスも存在しており、それらもクリエイターエコノミー市場の一部を形成しています。

その文脈でいうと、クラウドソーシングを通じ、何かのタスクをこなすことで収益を得ている人が、継続的に指名を得るようになり、そのままプログラマーやデザイナーとして独立するケースがあります。

これは純粋な意味でクリエイターエコノミーではないかもしれませんが、「その人自身が指名されて仕事を得る」「プロフェッショナルとして本業以外のキャリアを築く」という意味では、クリエイターエコノミーに通じるものがあります。

欧米でギグ・エコノミーからクリエイターエコノミーへの転換が進んでいるのは、個人の「好き」と収益のバランスが取りやすいからではないかと思います。

ギグ・エコノミーは自分の意思を介入させる余地が少ないですし、プラットフォーム側の意向に従って働く必要があります。例えば、Uber Eatsでは、配達員の動向はリアルタイムで管理されており、効率の良し悪しでランク付けも行なわれています。

しかし、クリエイターエコノミーではそこまでプラットフォームに縛られることはありません。

最近は企業に所属していた個人がクリエイターとして独立するケースが少しずつ目立ち始めています。例えば、企業で公式Twitterの「中の人」をしていた社員が、独立してSNSマーケティングの会社を運営するような事例があります。これも表現活動が個人中心にシフトしていることの表れではないかと思います。

日本では、BASE株式会社、note株式会社、UUUM株式会社などが参加するクリエイターエコノミー協会が2021年に設立されています。同協会が目的としているのはクリエイターが活動しやすい環境の整備です。

海外の潮流やこうした動向を見るにつけ、日本でも「1億総クリエイター」になる時代が間近に迫っているのを強く感じます。

CHAPTER1

まとめ

▼会社の外にキャリアを持つことは重要で、多くの人は副業に興味を持っているけれども、まだ実行に移していない。副業をしている人も、収入のためと割り切って取り組んでいる場合が多いといった実態がうかがえる。

▼多くの人が踏み出せない理由の一つは、「そもそも個で稼げるコンテンツなんて作れない」という理由。そしてもう一つは、「コンテンツがあっても個で売れない」という理由。

▼しかし、テクノロジーの進化でこの二つの理由が解消され、これからは誰もが個で稼ぐことができる時代が現実のものとなっている。それを実現するのが「クリエイターエコノミー」である。

▼欧米では、すでに普通の会社員がクリエイターエコノミーに参加し、就業後や週末の時間を活用して、クリエイター活動を行なうことがブームとなっている。

▼副業解禁の流れなどから、むしろ、日本のほうがクリエイターエコノミーに向いている環境である。日本でも「1億総クリエイター」になる時代が間近に迫っている。

CHAPTER2

〝1億総クリエイター時代〟に活躍する「稼ぎ方2.0」とは?

Introduction

第１章では、誰もが個で稼げる「１億総クリエイター時代」が到来していることをお話ししました。

この章では１億総クリエイター時代に求められるのは、いったいどういう働き方なのかについて考えてみたいと思います。

「時代が変化しているのはわかったけど、何から始めればいいのかわからない」
「クリエイターには興味があるけど、まだ自分ごととして捉えられていない」

そんなふうにモヤモヤしている人は、この章で、新しい時代の稼ぎ方の方向性を確認していただければと思います。

キーコンセプト①　目的

勝つためにこそ「やりたいこと」を徹底してやる

稼ぎ方1.0　会社のため
稼ぎ方2.0　自己実現

かつての日本では、会社の業績が伸びることで、そこに所属している人の給料が上がり、福利厚生も充実し、幸福度が増すという好循環が成立していました。

要するに、会社の成功と社員個人の成功が同じベクトルを向いていたわけです。同じベクトルを向いていたからこそ、多くの社員が会社のために身を粉にして働き、残業や頻繁な出張、転勤などを当たり前のように受け入れ、進んで会社への忠誠心を示していました。

しかし、今では会社と個人のベクトルにはずれが生じ、同じ方向を向くのは非常に難しくなっています。

本書ですでにお話ししたように、現在は多くの会社が成長の伸び悩みに直面しています。

成長の伸び悩みだけでなく、会社が買収されたり倒産したりするリスクも高まっています。

このような状況下では、会社という拠り所が失われたときに、自分も共倒れになることが明白です。会社を拠り所にして、自分のアイデンティティを全面的に委ねるような生き方は危険すぎるとの認識をみんなが持っています。

会社も社会も不安定で、先行きが不透明な時代にあっては、不安定になっているものへの依存が精神をむしばむという現象が起こります。

会社にすがろうとすればするほど苦しくなったり、不安が大きくなったりすることが避けられないのです。

「会社のため」が通用しなくなった稼ぎ方2.0の時代に優先されるのは個人の想いです。個人が理想とするキャリアを追求するということです。

特に若い世代においては、「自分が仕事を通じてどれだけ成長できるか」という成長実感やワーク・ライフ・バランスを重視する傾向が見られるようになっています。

若い人ほど、「会社に入ったのだから、会社のためにすべてを捧げる」という考えを持つ人は少なくなっています。彼らは自分の成長と幸福のために会社で何が得られるかを考え、自己実現できる会社を選んで入社しています。

「会社は個人がやりたいことをやるための自己実現の場である」という認識に変わってきているのです。

こういった自己実現を重視する価値観は、必然的にクリエイターエコノミーにもつながります。クリエイターエコノミーでは、何か自分が情熱を持っているものを仕事にして収益を得れば、自己実現欲求が満たされるからです。

今は、会社で自己実現を追求するだけでは飽き足らなくなった人たちが、社外に飛び出して、クリエイター活動を行ない始めている時代なのです。

自己実現欲求が共感を呼ぶ

逆にいうと、クリエイターエコノミーで稼いでいくためには、自己実現を目指した働き方への転換を行なっておく必要があります。

何かをクリエイトする作業は決して簡単なことではなく、内なる情熱がないと活動をやり続けられないという側面があるからです。

人はクリエイターのアウトプットそのものに共感するだけでなく、作り手の情熱に共感します。クリエイターの試行錯誤や成長に共感して、応援したいという気分になります。

最もわかりやすい例がアイドルグループのジャニーズJr.やAKB48です。

ジャニーズJr.を応援するファンの人たちは、「推し」の成長する過程を見ることに楽しみを見つけています。「推し」が努力して厳しい競争を勝ち抜き、グループを結成してデビューすれば、熱狂的に応援します。

AKB48も研究生を対象にオーディションを行ない、晴れてメンバー入りした人が大きな舞台で活躍したり、選抜総選挙などで人気を争ったりする過程をありのままに開示することで人気を得ていった経緯があります。

今、クリエイターエコノミーの世界ではクラウドファンディングを活用する事例が非常に多く見られます。

例えば、漫画を描く人が作品を出版するため、あるいは映像クリエイターが映画を撮るために支援者を募るといったケースがあります。

実績がないクリエイターが支援者を集める場合、最初は何一つ説得材料がありません。支援したからといって作品ができあがるのかも不透明ですし、作品ができても世の中に受け入れられるかはまったくの未知数です。

それでも支援者が集まるかどうかを左右する最大の要素は、情熱にほかなりません。

「とにかくこの人の情熱がすごいから応援したい!」

そんな共感を持ってくれる人が集まれば、プロジェクトは動き出します。

つまり、クリエイターエコノミーの世界で成功するためには、絶対的に共感のフックが必要です。そして、共感を生み出す情熱は、クリエイターの自己実現欲求に根差しているのです。

クリエイターエコノミーは承認欲求を満たす健全な手段

私は、最近ネットの世界で炎上や誹謗中傷が起きるのは、健全に承認欲求を満たせない孤独な人が、世代を問わず増えているからではないかと考えています。

例えば、企業や芸能人などの不祥事が報じられると、Twitterなどで一斉に叩く状況が日常化しています。

誰からも文句を言われない状況で、どこからどう見ても悪い企業や人を叩く行為は大きな快感を伴います。「自分は正しいことを言っている」「みんなと同じ意見で叩いている」という実感を持つことで承認欲求を満たしているわけです。

それに比べて、クリエイター活動は、承認欲求を満たすためのはるかに健全な手段であるといえます。

人は何かしら褒められたい・認められたいという欲求を持っています。そんな人にとって、目の前の一人の人から「あなたの歌声が好きですよ」「あなたの作品は素晴らしいですよ」と言われる経験は、自己承認欲求を十分に満たすはずです。

承認欲求を満たす上では、1万とか10万といったたくさんのフォロワーは不要です。1００人のファンがいれば十分な収益を得られますし、１００人から応援されれば幸福感を得ることもできます。

先ほどお話ししたファンハウスのように、クリエイターとファンをつなぐツールもたくさん登場しています。そこでは実際に副業クリエイターが少数のファンに支えられながら活動をしている事実があります。

普通に会社員をしている限り、100人のファンから「あなたの活動っていいね」「応援しているよ」と直接言ってもらう機会を作るのは難しいのが現実です。

特に、日本では多くの会社で大きく成長できない状況が続いており、職場で褒められたり認められたりする経験を持つ人が少なくなっています。

また、家庭内でもパートナーを褒め合う文化に乏しいですし、結婚しない人も増えているので、家族間で自己承認欲求を満たせない人も増えています。

しかし、今はインターネットによって、どんなに小さなマニアックな取り組みでも見つけてもらえる可能性があります。

例えば、趣味のプラモデルを作って塗装し、インターネットオークションに出品して収入を得ている人がいます。

クリエイター本人は単純に趣味としてプラモデルを作っているだけなのですが、世の中にはプラモデルにフィギュアとしての価値を見いだし、自分では作れない代わりに誰かが作った完成品を買いたいというニーズが存在します。

だから、趣味のプラモデル作りでクリエイターエコノミーに参加し、褒めたり認められたりする機会を得られるのです。

キーコンセプト② 考え方

ルールに縛られず、「共感」を重視する

稼ぎ方1.0 ルール思考
稼ぎ方2.0 共感思考

稼ぎ方1.0の時代には、誰にとっても成功のルールは明確に共有されていました。

多くの人が「いい会社に入ってバリバリ働いて出世して、結婚して2人くらいの子どもを育て、マイホームを持ち、定年まで勤め上げて悠々自適の生活を送る」といった人生を目指していました。

実際に、そんな人生を実現する人もいたわけです。


しかし、今は成功のルールらしきものが崩壊してしまっています。

クリエイターエコノミー時代にあっては、成功の絶対的なルールは存在しません。先ほどお話しした自己実現を個人にとっての成功とすれば、自己実現のあり方は多種多様であ

り、全員に共通する正解が成立しないからです。

もちろん、「どれだけお金を稼げるか」というのはわかりやすい指標の一つではありますが、副業クリエイターとしてそれほど稼げなくても、少数の人から承認してもらえればいいと考える人もいます。

あくまでも成功の方向性は人それぞれなのです。


ルール思考が効力を失った代わりに、重要になっているのが「共感思考」です。稼ぎ方2.0では、クリエイターエコノミーに参加する全員が「自分がどういう状態になれば副業クリエイターとして幸せなのか」を考えています。

その中で、「ファンから共感してもらうこと」を重視する価値観が広がりつつあります。

共感思考に注目が集まったのには、コロナ禍が少なからず影響しています。コロナ禍では、ライブやオフラインのイベントを行なっていたクリエイターたちが、活動の自粛を余儀なくされました。

ステイホームの期間が続く中で、彼らはオンラインで活動する方向性を模索し、オンラインレッスンを行なったり、ライブ配信をしたりといった新たな取り組みを始めました。

そこで感じたのは「寂しさ」です。オフラインではファンを前にして承認欲求が満たされていたのに、オンラインではファンから認められているという実感を得にくくなってしまったのです。

そのため、クリエイターの一部にはオンラインコミュニティをサロン化したり、月額課金を行なったり、ボイスチャットなどで直接的にファンと関わる機会を増やすなど、ファンとの結びつきを強くしようとする動きが出てきました。

そこで必要となったのが、ファンに共感してもらうことです。ファンに共感してもらうことが、エンゲージメントを高めることにつながっているのです。

フォロワー重視のルールも崩れている

SNS上においても、これまでのルールが崩れつつあります。これまでのルールとは、フォロワー数が多い＝善とするフォロワー至上主義のルールです。

確かに今までは1万、5万、10万、100万……といった単位でフォロワーを獲得したインフルエンサーに価値があり、たくさんの尊敬と報酬を得られるというルールが確立されてきました。

特にアメリカなどの英語圏では、英語人口の多さを背景に1億のチャンネル登録者数を持つYouTubeのトップクリエイターなどが誕生しています。

しかし、あまりにも影響力が大きすぎるがゆえに責任の重さに耐えきれず、インフルエンサーであることに疲れ果ててバーンアウトする人が急増しました。なかには、突然の自殺を図るインフルエンサーもいたのです。


もちろん、今もフォロワー数が重要な指標であることに変わりありません。フォロワー数と共感の多さはある程度一致しているといえます。

けれども、クリエイターの中から「プラットフォームのルールに縛られたくない」「フォロワー数だけを追い求めたくない」と考える人が登場してきたのも事実です。

この状況に呼応して、プラットフォーム側からもルールを変えようとする動きが出てきています。

例えば、Twitter や Instagram では、フォロワーが多いコンテンツ＝良いコンテンツという解釈の下、フォロワー数が多いアカウントがおすすめされる仕組みが一般的となっています。

その仕組みを壊した唯一のプレイヤーがTikTokです。TikTokでは、フォロワー数が多くても投稿した動画の再生回数が伸びるとは限りません。フォロワーを100万単位で抱えているのに、再生回数は数万回といったケースが目立ちます。

それは、プラットフォーム側が従来とは別のアルゴリズムでおすすめ動画を表示しているからです。つまり、フォロワー数とは無関係に「共感される動画がバズる」という新しいルールが適用されているのです。

今はいろいろなプラットフォームの選択肢の幅が広がり、それぞれに共通したルールも存在していません。

また、エンゲージメントの低いフォロワーをたくさん抱えていてもほとんど収益に結びつかないし、あまり楽しくないということに、多くのクリエイターが気づいています。

だから、「フォロワー数を増やさなければならない」と考えるのではなく、共感を重視し、濃いファンコミュニティを作る方向にシフトしているように見えるのです。

職場でも共感思考が浸透している

余談ですが、会社組織においても共感思考の浸透が見られるようになっています。欧米の例でいうと、コロナ前とコロナ後を比較して、マネジメントの仕方が大きく変わっています。変更点は大きく2つに集約されます。

一つは、「ウェルビーイング（幸福で肉体的、精神的、社会的にすべて満たされた状態）」を重視するようになったということです。

もちろん、従来からウェルビーイングを重視した経営を行なう会社は存在しましたが、コロナ禍を経験してメンタルサポートが手厚くなっているのを感じます。

会社のほうから従業員に対して「あなたはウェルビーイングを保てていますか？」と問いかけたり「何か困っていることがあれば会社でこういうサポートをします」とアナウンスしたりすることが増えているのです。

2つ目はコミュニケーションが多様化したことです。

オンラインコミュニケーションツールの導入に伴い、マネージャーが積極的に1 on 1

ミーティングを行なったり、チャットなどで部下をケアしたりする機会が増えました。また、従業員サーベイを行なう会社も増えています。

会社が従業員をケアしなければ、従業員が孤立し、退職やメンタル不調に至るおそれが出てきたことの表れといえます。

私は、アメリカの会社でコンパッションマネジメント(思いやりのマネジメント)がマネジメントスキルの一つとみなされるようになったことが、非常に大きな変化であると捉えています。

というのも、アメリカの会社ではパフォーマンスによる評価がすべてであり、共感思考の要素がほとんど皆無だったからです。今後は、あらゆる分野で共感思考が重視されていくのではないでしょうか。

キーコンセプト③ 価値基準

予測せず、状況に柔軟に「適応」する

稼ぎ方1.0 予測重視
稼ぎ方2.0 適応重視

クリエイターエコノミーで成功するためには、価値基準を「予測重視」から「適応重視」にシフトすることも求められます。

その理由は大きく2つに分かれます。

一つは、予測が難しい社会になっているということです。

「予測不可能」「変化が激しい」といったことは従来から言われ続けてきたわけですが、コロナ禍を経験したことで、変化をリアルに実感した人も多かったのではないでしょうか。

そもそも明日のことさえよくわからない状況下では、予測するという行為自体が無効化します。「予測しても不確実なんだから、あえて先々まで予測しなくてもいい」と考えるようになってきているのです。

そしてもう一つの理由は、プラットフォームの進化です。

先ほど触れたように、あるときプラットフォーム側がそれまでのルールを変更するようなことが起こり得ます。例えば、今までフォロワーの数さえ増やせば収益と直結していたのに、急にフォロワー数が問われなくなる、といった具合です。

それまでフォロワー数だけを見て、目標値から逆算して進捗管理をしていた人にとっては、これまでの労力が水の泡になり、イチからやり直しを強いられる状況が生じるわけです。

つまり、現在は予測が難しくなっているとともに、管理が難しくなっている時代であるといえます。予測を立てて、しっかり進捗管理を積み上げていく手法よりも、目の前の変化をいち早く察知し、それに対してどれだけ素早く対応できるかどうかが重要になっているのです。

「共犯者を作る」マーケティング

企業活動においても、予測重視から適応重視への変化は顕著なものとなっています。例えば「Glossier（グロッシアー）」というアメリカで人気の化粧品ブランドがあります。同社は自社のECサイトなどから直接顧客に販売するD to Cの成功事例として非常によく知られた存在です。

このブランドは、創業者であるエミリー・ワイスが個人的に始めたブログをきっかけに誕生したというユニークな経緯があります。

もともとワイス氏は『VOGUE』などの有名ファッション誌の編集アシスタントをしていました。2010年、彼女はその経歴を生かし、有名人から美の秘訣を聞いたり化粧品をレビューしたりする『Into The Gloss』というブログを開設します。

彼女がコメントに対して返答する双方向のコミュニケーションを取ったことから、ブログは人気となり、読者から化粧品の口コミを集めるコミュニティが構築されていきました。

そのコミュニティを通じて、化粧品に対する消費者のニーズを吸い上げ、独自ブランドでも商品化が実現したというわけです。

同社のような事例は、決して珍しいものではありません。

今は、企画者と消費者の垣根がどんどん低くなってきています。ファンコミュニティから製品のアイデアを募集し、それが実際に商品化され、ファンが購入するという流れが当たり前になってきています。

現時点では、ファンである消費者側への金銭的なインセンティブが充実しているとはいえませんが、今後大きなメーカーがファンコミュニティの活用にシフトしていけば、企画が採用された人に謝金を支払うような仕組みが整えられていくのではないかと予想されます。

これまでのマーケティングでも企業はリサーチを行なっていましたが、最終的には企業が消費者に結論を押しつける形で商品やサービスが提供されてきました。

「いろいろ調べたけど、結局あなたたちが好きなのって、こういうものでしょ? うちではこれがベストだと思うから使ってみてね」

一言でいえば、企業はこういう感覚で商品やサービスを売っていました。まさに予測重視のスタイルです。企業と消費者間のコミュニケーションが乏しかったので、消費者は巻き込まれないし、与えられるばかりの立場にいたわけです。

一方、ファンマーケティングの世界では、しばしば「共犯者を作る」といった表現が使われます。細かいエンゲージメントポイントを作ることで、消費者の「自分も参加している」意識を高める手法を意味します。

クリエイターだからといって、「自分が作りたいものを作ればいい」というわけではありません。むしろ、プロのクリエイターは、ファンを巻き込み、ファンを喜ばせることに注力しています。

ですから、ファンから意見を聞き、自分の作品に取り込み、アウトプットしていく適応思考が非常に重要なのです。

キーコンセプト④ 行動

高速で「改善」を繰り返す

稼ぎ方1.0 計画的
稼ぎ方2.0 アジャイル的

前項に関連しますが、稼ぎ方1.0の時代は変化が少なかったので、物事を計画的に進めていくスタイルが通用していました。

例えば、半年や1年といった長期的なスパンで計画を立て、ロードマップを作成し、マスタープランどおりに達成していくのが最善とされてきました。

しかし、今は計画どおりにいかない時代であり、変化に応じて柔軟に対応していかなければなりません。象徴的なのが、システムやソフトウェア開発の分野で一般化しつつある「アジャイル開発」です。

アジャイル（Agile）は「素早い」「機敏な」「迅速な」などと訳される言葉であり、アジャイル開発は小さな単位で実装とテストを繰り返していく形式の開発手法を意味します。

アジャイル開発では、計画段階でおおよその仕様だけを決めておきます。途中で仕様変更が求められたときに柔軟に対応するためです。

おおよその仕様を基に、「計画・設計・実装・テスト」を繰り返しながらプロダクトの完成度を上げていきます。この小さなサイクルは「イテレーション（反復）」や「スプリント（短距離走）」などと呼ばれます。

一般的に、アジャイル開発では、1〜2週間くらいのスパンでサイクルを回します。何かを調べて、行動し、また意見を聞いて……というサイクルを速く回していきながら完成を目指します。

アジャイルに適しているのは、PDCAサイクルではなくOODA（ウーダ）ループであるとされています。

PDCAサイクルは、Plan（計画）、Do（実行）、Check（測定・評価）、Action（対策・改善）のステップを繰り返し行なう手法です。PDCAは計画段階で時間を使うので、変化が少ない環境下では効果を発揮します。

これに対して、ウーダループは次の4つのステップを繰り返すフレームワークです。

①Observe(観察)
②Orient(状況判断、方向づけ)
③Decide(意思決定)
④Act(行動)

ウーダループでは、計画をするのではなく、今置かれている自分の状況を冷静に観察して情報を集めます。そこから仮説を立てていくので、すぐに実行できるというメリットがあります。

また、1つの方向にサイクルを回すPDCAとは異なり、前の段階に戻ったり、別の段階から再開したりする自由度の高さに特徴があります。そのため、変化に柔軟に対応できるというわけです。

クリエイターエコノミーの分野でもアジャイル的な手法は浸透しつつあります。

自分が提供した作品や表現に対して、どういう反応やコメントが行なわれているのか、周りのクリエイターがどのように活動しているのかを観察し、状況に応じて意思決定・行動していくということです。

例えば、ティーチャブルで何かのスキルを教えている人が、教えているときの相手の反応を見たり、「こういう内容だったらいいな」という感想をもらったりして、教える内容や教え方を随時変えていくという感じです。

あるいは、オフラインでリアルに講師をしていた人が、コロナ禍でオンラインに移行するとか、在宅勤務をしている休憩時間を利用して講師業をするといったチャレンジもアジャイル的といえるでしょう。

コミュニティ内で進捗を共有する

ほかの例を挙げれば、支援者の多いクラウドファンディングでは、プロジェクトのプロセスをオープンにして、進捗を細かくアップデートすることがあります。

よくあるのが、クラウドファンディングの支援者を集め、彼らの意見を聞きながらスペックなどを変更していき、リターンの品を送った直後にAmazonなどのECサイトにリリースするパターンです。

この場合、商品をリリースした時点で、ファンコミュニティを通じて高い評価が広まっているので、一般の人にも口コミを通じて「良さそうだから買ってみよう」と訴求できるメリットがあります。

最近は、ビジネス書の著者などが本を執筆するときに、コミュニティを作ることもあります。

企画段階から小まめに進捗状況を共有し、デザインやタイトルなどの検討段階でみんなの意見を求めるなどして、完成した本の謝辞のページに、コミュニティに参加している全員の名前を掲載するといった試みです。

名前が掲載されている人は、その本を買って読みたいと思いますし、周りの人にもすすめてくれることが期待できます。

私の友人である、すがけん(菅原健一)さんも、著書『小さく分けて考える』(SBクリエイティブ)を執筆するプロセスをInstagramのストーリーで公開し、ときおりインスタライブでみんなと議論しながら制作を進めていました。

プロのクリエイターは、アジャイル的な変更を呼吸するように毎日行なっています。本業がクリエイターでない普通の会社員でも、1週間に1回くらいはOODAループを回していく必要があるでしょう。

ファンといかにコミュニケーションを取るかがポイントです。ファンの声を頻繁に聞いて、素早く行動できるかどうかが、クリエイター活動の成否を左右します。

キーコンセプト⑤ 人間関係

会社外の人と「ゆるく」つながる

稼ぎ方1.0 タテのつながり
稼ぎ方2.0 ヨコのつながり

日本の会社組織内では、タテの人間関係が大きなウエイトを占めています。

稼ぎ方1.0の時代は上司部下、先輩後輩の上下関係が強く、上役や年長者から信頼されて目をかけられれば、重要な仕事を任せてもらえました。

しかし、稼ぎ方2.0の時代に重要となるのはヨコのつながりです。いくら会社内で強固なタテのつながりを構築していたとしても、会社がなくなったら土台そのものが崩壊してしまいます。

そんなときに救いとなるのがヨコのつながりです。

会社の外に人間関係を持っていれば、「こんな仕事があるけど、どう?」「○○社がこういうポジションの人を探しているみたいだよ」といった情報が入りやすくなるわけです。

私は『転職2.0』の中で、「転職に不可欠なのは人脈ではなくネットワークづくりである」とお伝えしました。

ネットワークとは、友だちの友だちの友だちくらいまで含まれるゆるやかなつながりを指します。一緒に仕事をしたことがない人や、同じ組織に所属したことがない人も含まれます。

「深い人間性までは知らないけど、お互いになんとなく興味があって意識している」
「相手の活躍ぶりを認知している」

など、端的にいうとSNS上でゆるくつながっている人をネットワークと捉えるとわかりやすいと思います。

ネットワークは、ヨコのつながりとほぼ同義です。ヨコのつながりを持っている人は、人を介して転職のオファーが飛び込む可能性があります。タテのつながりよりも、ヨコのつながりを持っている人のほうが市場価値が高い人といえるのです。

また、「ヨコのつながり」という言葉は、フラットな人間関係という意味も表しています。クリエイター同士のつながりには上下関係がなく、常に対等な関係であるのが基本です。ジャンルによっては、クリエイターがニックネームやペンネームで活動するケースもありますし、仮想空間で別人格として活動するケースもあります。活動領域の特性からバーチャルでフラットなつながりが生まれるのは必然といえます。

ヨコのつながりでは年齢や性別はもちろん、本業でどんな仕事をしているか、どんな役職に就いているか、どの程度年収を得ているかといったことは、まったく問われません。ヨコのつながりは自由度の高い人間関係ともいえるでしょう。

ヨコのつながりからファンを増やそう

クリエイターエコノミーの分野でも、ヨコのつながりは大きな意味を持ちます。

なぜ、ヨコのつながりが有利なのかというと、一つは自分のファンを作るのに役立つからです。

会社員が副業クリエイターとして活動するにあたっては、ファンを作る必要があります。ファンの数ゼロの人が、一人目のファンを獲得するのは至難の業です。

副業のファンを増やすために、会社内で働きかけるというのも現実的ではありません。クリエイター活動を会社の人には知られたくないという人もいるはずです。

そんなとき、SNS上でヨコのつながりを持っている人が初期のファンになってくれたら、非常にラクなのは間違いありません。

また、クリエイター活動をする仲間同士でファンを増やす効果もあります。

例えば、同じようにプラモデルを作って販売しているクリエイター同士が競合してファンを取り合うということもあり得ますが、ファンが全面的に重なっているケースは稀です。「クルマのプラモデルを作るのが得意」「ガンプラを作るのが得意」など、ジャンルが狭くなればなるほど、ファンの重なりは小さくなるので、コラボレーションをするとお互いのファンに認知してもらい、ファンになってもらえる可能性が生じます。

さらに、ヨコのつながりのメリットをもう一つ挙げるとすれば、クリエイターとしての幅が広がるということです。

どんな商品やサービスを提供している場合でも、たった一人でクリエーションをしていると、どうしても行き詰まることがあります。

プロの画家でも、絵を描くことに飽きてしまって活動を休止してしまうことがあるくらいです。

行き詰まったときに、ジャンルが違うクリエイター仲間とつながることで、「こうすればいい」というヒントをもらえます。

ヨコのつながりの助けによって表現や活動の幅が広がり、活動継続のモチベーションも得られるのです。

まとめ

- ▼「会社のため」が通用しなくなった稼ぎ方2.0の時代に優先されるのは個人の想い。共感を生み出す情熱は、クリエイターの自己実現欲求に根差している。
- ▼稼ぎ方2.0では、「ファンから共感してもらうこと」を重視する価値観が広がりつつある。ファンに共感してもらうことが、エンゲージメント（深いつながり）を高めることにつながっている。
- ▼現在は予測が難しくなっているとともに、管理が難しくなっている時代。クリエイターエコノミーで成功するためには、価値基準を「予測重視」から「適応重視」にシフトすることも求められる。
- ▼今は計画どおりにいかない時代。アジャイル的な変更を呼吸するように行なうことが大事。
- ▼日本の会社組織内では、タテの人間関係が大きなウエイトを占めてきた。しかし、稼ぎ方2.0の時代に重要となるのはヨコのつながり。友だちの友だちの友だちくらいまで含まれるゆるやかなつながりを持つことが大事。

CHAPTER3

稼ぎ方2.0の目的

「会社のため」から
「自己実現」へ

Introduction

第２章では稼ぎ方2.0について、「目的」「考え方」「価値基準」「行動」「人間関係」の5つの側面から明らかにしました。

1つ目の「目的」に関しては、「会社のため」ではなく「自己実現」を目指すことの重要性についてご理解いただけたと思います。

第３章では「自己実現を目指す」という観点から、クリエイターエコノミー時代にどんな考え方をして、行動していけばよいのかを掘り下げていきたいと思います。

改めて補足すると、自己実現が重要になってきた理由の一つには、単純に人間の寿命が延びたことが挙げられます。

かつては会社人生の終わりと人生の終わりとの間には、時間的な差があまりありませんでした。だから、会社のために働くことを目的にする人がたくさんいました。

しかし、今や平均寿命は男性81・47年、女性87・57年にまで延びています（厚生労働省、2022年）。会社の定年が65歳だとすると、約15～20年近くさらに長生きする計算です。

会社の仕事以外に生活の軸を持っていないと、退職後の時間を漫然と過ごさなければならなくなります。

実際に、仕事一辺倒の生活を送っていた人が定年を迎えたと同時にやることがなくなるという事態が社会問題化しています。

本業後の充実した生活のためにも、会社での仕事とは別に、自己実現につながる取り組みを探しておく必要があります。

「自分の幸せ」を定義する

私が、まず読者の皆さんにしてほしいのは「自分の幸せを定義する」ということです。副業クリエイターになるとは、一言でいうと「何かをアウトプットして、ファンを作っていく」ことにほかなりません。

ただ、細かく見れば、活動のスタンスは人によってさまざまです。「自分がアウトプットしたものにお金を払ってもらえるのがとにかく嬉しい」という人もいれば、「収入は期待してないけど、それよりもみんなから褒めてもらえるのが一番嬉しい」という人もいます。

もちろん、両方を同時に追求したい人もいることでしょう。

同じ「お金を払ってもらうことを重視する」タイプの人でも、あくまでも本業の会社員をメインに副業の収入を最大化したい人と、副業から脱出してプロのクリエイターになろうと考える人に分けることができます。

まずは、自分が何を求めているのか、どんな状態が自己実現につながるのかを知っておくことが重要です。

欧米では、すでにさまざまなタイプの副業クリエイターが活動しています。ファンからの反応が欲しくて目立とうとする人もいれば、黙々と好きなものを作ってリリースしている職人っぽい人もいます。

自己実現には正解がありません。ただ、自分がワクワクするもの、楽しいと思える状態を追求していくことが正解への近道といえます。

「感情ノート」を作ってみよう

ワクワクするもの・自分にとって楽しいと思える状態を知るための一つの方法が、本業での仕事をひたすら振り返ることです。

そこでおすすめしたいのが、一日の中で嬉しいと感じたこと、つまらないと感じたことなどを振り返って記述する「感情ノート」の作成です。

感情ノートは詳細に書く必要はなく、ちょっとしたメモ書き程度でかまいません。例えば、「上司から『○○さんは周りに流されずに、言うべきことをきちんと主張してくれるから評価している』と言われて嬉しかった」などと書いておきます。

一日の中で、都合よく感情を揺さぶる出来事が起こるとは限らないので、最低でも1週間単位で記述するとよいでしょう。記述が増えていくにしたがって、ノートの精度が上がります。

記述する対象は仕事中の出来事に限らず、就業後や休日などに起きた出来事でもかまいません。

「帰りの電車内で年配の方に席を譲ったら、とても褒めてもらえて嬉しかった」というのでもよいのです。

ネガティブな感情ばかり記録してしまう場合は、ポジティブな感情に絞って書くようにしてください。

一日の終わりに出来事を振り返ろうとすると忘れてしまっていることも意外と多いので、気づいたときにすぐにメモをしておきましょう。もちろん手書きで紙に書いても、スマホにメモをするのでも何でもOKです。

自分の感情に素直になり、感じたことを記録して振り返る行為は非常に有効です。「どういう反応を得ると自分は嬉しく感じるのか」がわかると、コミュニティを運営していく上での方向性を決めることができると思います。これがクリエイター活動の大きなヒントになるのです。

なお、感情ノートの作成には、自分のモチベーションの源泉がわかるというメリットもあります。

会社員として仕事をする場合は、「上から言われたからやらざるを得ない」という理由で仕事をすることも多々あります。

一方、副業クリエイターとして活動する場合、サボろうと思えばいくらでもサボることができます。自分で目標を設定し、クリアしていかなければならないという意味では、孤独でつらい作業が続きます。

だから、自分自身がワクワクする・楽しいと思えるやり方でないと、継続が難しくなります。最初は好きで始めたはずなのに、いつの間にかクリエイター活動が苦痛になってしまうことがあるのです。

副業を楽しむためにも、自分のモチベーションへの理解を深めておきましょう。

経験の数を増やす・いろいろな情報に触れる

本書の読者の皆さんの中には、副業クリエイターになりたい気持ちがあっても、何をやればいいのかわからない人もいると思います。

「やりたいことの見つけ方」については、さまざまな人がさまざまな方法を提示しています。それだけ、見つけ方に悩んでいる人が多いということなのでしょう。

正直にいうと、私自身はやりたいことが見つからずに困った経験がありません。どういう見つけ方が適切なのか、実感に照らし合わせて答えにくいところがあります。

ただ、自分の内側からやりたいことが見つからない人にできるのは、何かからインスピレーションを受けることだと思います。

やりたいことを知るためには、とにかく経験の数を増やすのが一番です。経験を通じてインスピレーションを得られることが多いからです。

私は学生に対して、「とにかくあらゆる種類のアルバイトをしたほうがいいよ」と、しばしばアドバイスしています。

1つのアルバイトだけをしている場合、たとえその仕事に楽しさを感じていても、最もやりたかった仕事なのかどうかはわかりません。いろいろなアルバイトに取り組めば、一つひとつの仕事を比較しながら自分が他人より得意なことや、モチベーションが湧く対象に気づけます。

だから、とにかく何でもやってみるべきです。

いろいろな情報に触れることも重要です。

私は昔から週に一度程度、書店の雑誌コーナーをすべて見て回るのを習慣化しています。周囲の人にもおすすめしている習慣です。

雑誌コーナーには、政治経済誌や文芸誌、女性誌、育児誌など、さまざまなジャンルの雑誌が並んでいます。興味のある棚はもちろん、興味のない・薄い棚も徹底的にチェックするのを自分に課しています。

雑誌コーナーの棚を一通り眺めて、気になったタイトルがあれば、パラパラとページをめくってみます。そうやって雑誌を見ていると、不思議とインスピレーションが湧いてくるのです。


私が仕事をする上で、直接的に学びが多かったのは女性ファッション誌です。女性ファッション誌には、ティーン向けもあれば60代向けのものもあります。ティーン向けの雑誌を読むと、レイアウトがごちゃごちゃしていて、すんなり情報が入ってきません。ごちゃごちゃしているから悪いのではなく、若者に好まれるレイアウトを追求した結果、そうなっているのだろうと推測できます。

一方、ミセス向けの雑誌を見ると、レイアウトは整然としていて、フォントも大きく読みやすくなっています。私がアプリを作る際には、こういった違いを参考にしていました。

何かの情報に触れると、そこからインスピレーションを得られます。興味の対象を狭めずに、いろいろな情報に触れてみるとよいでしょう。

「情動」を起点に動く

次にお伝えしたいポイントは「情動を起点に動く」です。

「情動」を起点にする理由は2つあります。一つは、情熱がエンゲージメントの高いファン作りにつながるからです。

人は情熱を持って何かに取り組んでいる人にひきつけられます。ファンコミュニティを作って維持する上で情熱は不可欠な要素といえます。

2つ目は自分のモチベーションを保つためです。

もちろん、前述したようにモチベーションの源泉は人それぞれです。お金さえ得られればモチベーションが続く人もいます。

私の周りにも自分ではゲームをまったくやらないのに、ゲーム会社を経営している人がいます。その人はゲームが好きではなく、まったく思い入れもないのですが、マーケットがあるからという理由でゲームを作り、まとまった収入を得ています。

こんなふうに割り切ったスタンスで取り組むケースもないわけではないですが、全体的に見れば少数派です。

基本的には、自分が取り組む対象に思い入れや情熱がないと、途中でモチベーションダウンしてしまう可能性が高まります。クリエイターエコノミーでは情熱を持つ人ほど長続きしているのは間違いありません。

情動の力でファンをつかむためには、メッセージを伝えることが重要です。

伝える手段は、「言葉で伝える」と「もので伝える」の大きく2通りに分かれます。

言葉で伝えるとは、「自分がなぜそれをやっているのか」をストーリーにして伝えるということです。

ストーリーにはいくつかのパターンがあります。

例えば「幼少期に不幸な出来事に直面したことで、○○に興味を持って取り組むようになった」といった原体験を語ると、受け手は感情移入しやすくなります。

「自分も似たような経験をしたことがある」「大変そうだなあ」という共感を得ることで、ファンになってもらえる可能性が高まります。

あるいは、商品やサービスへのこだわりポイントを語ることで共感を得るパターンもあります。

「こんな細部までこだわっている」「ここまで練習を積み重ねている」という過程を伝えてファンの心を動かすわけです。

ほかには社会的使命感をストーリーにして伝えるパターンもあるでしょう。「○○を実現するために売上の一部を社会貢献活動にあてている」といったストーリーも共感につながります。

一方、もので伝える代表例は手の込んだ工芸品などです。

明らかに時間をかけて作ったということが伝われば、作り手の情熱は伝わります。ガンプラでも彫刻でも、見る人が見ればどれだけ手間暇がかかっているのかがわかります。

言葉でストーリーを語るのが苦手なタイプの人は、ものづくりに精魂を込めればメッセージを伝えることができるはずです。

本業との兼ね合いを考える

稼ぎ方1.0の時代は、本業に取り組む時間が仕事に費やす時間のすべてでした。

これに対して、会社員の副業クリエイターがキャリアを作る場合、本業と副業の兼ね合いを考える必要があります。

基本的には、多くの人が平日の始業前か就業後、そして休日に副業に取り組むことになります。副業に取り組んだ結果「お金のために四六時中仕事に追われる生活を送るようになった」と考えると、精神的な負担が大きくなってしまいます。

だからこそ、前述したように副業は情熱を持って取り組めるものであることが重要です。

特に副業をしている時間は「働いている」という気分にならないほうがいいと思います。単純に楽しくてクリエイター活動をしている時間になるのが理想的です。

充実したクリエイター活動をするためには、本業に取り組む際の意識も変える余地があります。

現在は働き方改革の浸透によって、会社員の労働時間は総じて減少傾向にあります。ただ、その中でも長時間労働を強いられる職場に勤務している人は、定時で退社できる会社に転職するのも一つの方法です。

もしくは本業への時間のかけ方をセーブする方法もあり得ます。本業はライフワークとして割り切り、会社から怒られない最低限の仕事をするスタンスです。

ただし、このスタンスが取れるのは安定している企業の正社員に限ります。また、自分の市場価値が下がるという意味で、かえって会社への依存度が高まってしまうというデメリットも覚悟しなければなりません。

私自身は、平日は基本的に本業に注力し、土曜日は副業やインプットにあて、日曜日は趣味にあてるというスケジュールで取り組んでいます。

無理なく続けるためには、ある程度平日と休日で本業と副業を使い分けるのが望ましいといえます。

平日に副業に取り組む場合は、昼休みや就業後のちょっとした空き時間に副業のためのフィードバックをチェックしたり、情報収集をしたりするなどの細かい作業にとどめておくとよいでしょう。

いずれにしても、自分でスケジューリングして取り組んでみて、モチベーションが持続するかどうかを確認することが重要です。

時間ではなく「仕事の内容」で自分を評価する

「会社のためではなく、自己実現のために仕事をする」

そういわれても、会社で本業をしている以上は会社のために頑張らなければいけないのではないかと考える人も多いと思います。

会社の期待にどれだけ応えられているのかわからず、とにかく与えられた仕事をたくさんこなそうとしているかもしれません。

そんな人は、考え方のパラダイムシフトを行なう必要があります。

会社はもはや人生を預ける対象ではありません。「会社あっての自分。会社によって自分が生かされている」という考え方から、「まず自分があって、自分の一部が会社に貢献している」という考え方への転換を図るのです。

稼ぎ方1.0の時代は、会社の仕事が人生の中心を占めていました。労働時間も長く、休日も疲労を回復させるためのもの、という位置づけで捉えられ、家族や友人との時間はないがしろにされてきました。よくある頭の中を円グラフにした図でいうと、8〜9割が会社の仕事で埋められているような状況です。

しかし、稼ぎ方2.0の時代はZ世代を中心に、会社以外の要素を重視する考え方へのシフトが進んでいます。

会社の仕事だけでなく、家族とのつながりや友人関係、趣味や副業などの要素がすべて充足してはじめて人生が充足すると考えるようになっています。

副業で成功したいのなら、やはり会社に依存する思考から自律的な思考へとシフトをしなければなりません。

パラダイムシフトをする上で、まず行ないたいのが「自分が仕事をしている時点で、すでに会社に貢献していると信じる」と考えるということです。

日本の大企業は総合職採用を行なっているので、社員は会社からいわれたことはすべてやらないといけないという思い込みがあります。しかし、ジョブ型雇用の欧米では、入社時から期待されている仕事の内容が明確です。期待されている仕事をきちんとこなしていれば、それ以外の仕事をする必要はありません。

「会社の期待に応えられているか不安。もっと会社に貢献しなければ」などと思い悩む余地がないのです。

これから日本でもジョブ型雇用の導入が進むわけですから、このようなジョブ型のマインドセットを持っておいて損はないでしょう。

「求められる最低限の仕事をしているだけで、会社のためになっている」と考え、胸を張っていいのです。

ジョブ型のマインドセットに転換できれば、会社の仕事は定時できちんと終わらせて、帰宅後はクリエイター活動に注力するという切り替えもしやすくなるはずです。

実際に、アメリカではフルタイム就労者の43・0%が副業をしているというデータがあります。もちろん、コロナ禍で生活のために副業をせざるを得ない人が出ているという理由も否定できませんが、副業をポジティブに捉えている人が多いのも事実です。

私の周りでも、副業をしている欧米人は相当な数に上ります。公務員でも副業はできる場合もありますし、副業が文化になっているのを実感します。

社会との「接点」をたくさん持つ

本書では、話をわかりやすくするために「本業である会社員の仕事」と「副業であるクリエイター活動」を区分して語ることが多いですが、実際には本業と副業を明確に分ける必要はありません。

本業＝嫌なこと・やらざるを得ないこと、副業＝好きなこと・やりたいこと、という分け方も表面的すぎると思います。

本業と副業は決して対立しているわけではなく、本来はゆるやかにつながっているものです。

なぜかというと、一人の人間は会社の一社員だけでなく、家庭人や地域人など、さまざまな側面を同時に持っているからです。

人はいろいろな側面を持っているなかで、お金に換算できるスキルを通じて社会につながっています。

世の中には、会社で仕事をすることでお金に換算できるスキルを発揮している人が多いというだけで、本業だけで社会とつながっているわけではありません。

例えば、私はドラムを叩くのが好きで、かつてレストランでドラムを叩くという副業をしていた経験があります。

ドラマーとして出演料をもらっていたわけではないですが、ドラムを叩いたあとには、まかないの食事をさせてもらっていました。まかないの食事が出演料代わりです。

ドラムを叩くとレストランで美味しい食事ができるし、オーディエンスにも喜んでもらえる。そんな体験をして自己肯定感が上がりましたし、お金とは別のバリューを得ることができました。

これは、自分の中にある何かを社会とつなげる一例だと思います。

自己実現を目指す方法はさまざまです。あえて本業と副業を区別せず、あらゆる側面から自己実現の可能性を探っていくのがクリエイターの発想ではないでしょうか。

とにかく重要なのは、自分が持っている可能性を最大化して社会とつなげることです。

その視点に立てば、本業への向き合い方に変化が生まれてくるかもしれません。例えば、本業で自己実現につながりやすいプロジェクトに取り組むとか、自己実現につながりそうな部署への異動を目指すといった行動が考えられます。

これまでは、会社からの指示に従って与えられた仕事に黙々と取り組むケースが多かったと思いますが、自己実現のために会社のリソースを使うという発想へと180度転換するのです。

もし会社の仕事に自己実現につながる要素がまったくないと感じられる場合は、転職をして別の会社で働く選択肢もあり得るでしょう。

そのためには、まず「どんな仕事が自己実現につながるのか、その仕事が会社の中にあるのか」を確認する必要があります。

自己実現につながる仕事が社内にある場合には、戦略的に取りに行きます。

「ちょっと隣の部署の仕事に興味があるので、手伝わせてください」などとアピールして、積極的に関わっていくのです。

「会社を利用するなんて、なんだかズルい発想だ」

「会社を自分の都合のいいように使っているだけじゃないの」

そういいたくなる気持ちもわからないではないですが、それは典型的な稼ぎ方1.0の考え方です。

会社を利用することは、ズルいことでも何でもありません。

先にもお話ししたように、私たちは一定のアウトプットをベースにお金をもらっているプロです。求められた仕事をこなすだけで、最低限の義務は果たしています。義務を果たしている以上は、自分本位で会社を使っても悪いことなどないのです。

まずは、本業の会社内でどのように働き方を変えられるかを考えてほしいと思います。

「何が仕事で何が遊びかわからない」を目指す

「複数のキャリアを作りたいという思いは強いけれど、忙しくて現実には難しそう」
「仕事が2つになると考えると、負担が大きそう」

そんなふうに感じる人は、公私の境界線を曖昧にすることを目指しましょう。

私が知り合いのクリエイターを見ていると、「公私の区別がない」という点が共通しています。

専業クリエイターだけでなく、副業クリエイターも何が仕事で何が遊びなのかよくわからないような生き方をしているのです。

「何が仕事で何が遊びかわからない」は、面白いものに貪欲な姿勢に通じます。

クリエイターは、会社で取り組む業務であってもプライベートの趣味であっても、とにかく面白そうなものは積極的に経験しようとします。自分で経験してみて、何かを得たいという強烈な欲を持っています。

あらゆる経験を通じて得た知見をアウトプットに昇華させているのです。

会社のために嫌々仕事をしている人、やらされ感の強いままズルズル働いている人は、本業との関わり方を変える必要があります。

おすすめしたいのは、会社の仕事の中から面白そうな仕事を見つけていくことです。面白い仕事をしていれば、必然的に公私の区別は曖昧になっていきます。それが難しいのであれば、前述したように転職を選ぶ選択肢もあります。転職して、公私の区別がない働き方を目指せばいいのです。

もちろん、完全に割り切って会社にぶら下がるのも一つの方法ではあります。本業では最低限の仕事だけをこなし、定時ピッタリに帰宅して副業に取り組む。実際にそういうスタンスで活動している人もいます。

ただ、失敗すると本業とのモチベーションギャップが大きくなるリスクがあります。本業の時間があまりに苦痛すぎるせいで、副業にも悪影響が出たら元も子もありません。

だから、できれば本業と副業をつなぐコネクションを持っておくのが理想です。「文章を書く」とか「プレゼンをする」とか使うスキルがつながっているだけでも十分ですし、「本業と副業がつながっている」と自分が信じているだけでもかまいません。

いずれにせよ、本業＝つまらない、副業＝本来の自分で生きられる楽しい時間、というのはただの思い込みです。

最近は、VRワールドやメタバースの世界で本業とはまったく別の人格を生きることが可能になっていますが、私が見る限り、「現実世界がつらくて苦しいからバーチャルな世界に居場所を確保している」という人は意外と少数派です。

むしろリアルが充実している人が、別の人格を楽しんでいるというケースが結構多いのです。例えば、私の友人に自宅でVRチャットにハマっている人がいますが、その人はリアルでもパーティ好きです。ただ、別人格を生きているというだけで、同じように人との関わりを楽しんでいるのです。

本業も副業も楽しめる人が、クリエイターとしても成功すると考えたほうがよいと思います。

まとめ

▼「自己実現」でまず大事なのは、「自分の幸せを定義する」ということ。自分が何を求めているのか、どんな状態が自己実現につながるのかを知っておくことが重要。

▼ファンコミュニティを作って維持する上で「情動」は不可欠。クリエイターエコノミーでは情熱を持つ人ほど長続きしている。

▼会社はもはや人生を預ける対象ではない。「会社あっての自分。会社によって自分が生かされている」という考え方から、「まず自分があって、自分の一部が会社に貢献している」という考え方への転換が必要。

▼重要なのは、自分が持っている可能性を最大化して社会とつなげること。あえて本業や副業を区別せず、あらゆる側面から自己実現の可能性を探っていくのがクリエイターの発想。

▼「何が仕事で何が遊びかわからない」は、面白いものに貪欲な姿勢に通じる。公私の境界線を曖昧にすることを目指すべき。

CHAPTER4

稼ぎ方2.0の思考法

「ルール思考」から
「共感思考」へ

Introduction

クリエイターエコノミーにおいて、副業クリエイターに強力なカリスマ性が求められているわけではありません。

重要なのは、ファンと継続的にコミュニケーションを取りながら「共感を深めていく」働きかけです。

この章では、クリエイターエコノミー時代に活躍するため、「共感思考」という視点からするべき考え方や行動についてお伝えしていきたいと思います。

共感を得るためにまずは「自ら共感する」

最初に強調したいのは、まず「自分自身が共感する」ことの重要性です。

クリエイターとしてファンの共感を得るためには、ファン心理を知る必要があります。ファン心理を知るためには、実際にファンコミュニティに参加してみるのが最善の方法です。

世の中にはクリエイターが主催する多種多様なサロンやコミュニティがあります。そういった集まりに参加してみるのをおすすめします。

もっとハードルが低くてすぐにできるのは、SNS上でファンとつながることです。Facebook のグループや LINE のオープンチャット、Twitter のコミュニティなどに参加して、自分がベンチマークとしているクリエイターのファンの人たちとコミュニケーションを取ってみるのです。

コミュニティ内でファンの人たちが取っているリアクションを丁寧にリサーチすることを意識しましょう。

みんながどんなポイントで喜んでいるのか、あるいは悲しんでいるのかといった感情の動きを知る。そして、その感情に共感するのです。

「なるほど。こんなメッセージの伝え方をすると響くんだな！」

「みんな、こういうポイントで興奮するんだ」

といった気づきを増やしていくのです。

人の感情が揺さぶられるポイントは多種多様です。例えば「歌」に限ってみても、歌詞に心が揺さぶられる人もいれば、声色に感動する人もいますし、メロディに感動する人もいます。そういった細かいポイントを探って知ったり共感したりする経験が、自分自身の副業クリエイター活動の大きなヒントとなります。

もっと簡単なのは、クリエイター自身のＳＮＳをフォローして定期的にチェックするとか、「#○○ファンとつながりたい」といったハッシュタグをひたすら追っていき、みんなの発信を見てみるといった方法です。

私は、有名な歌手が作詞をする際、Twitterでひたすら検索をして共感しやすい歌詞を探っているという話を聞いたことがあります。

例えば恋愛の曲を作るとき、Twitterで一般人の恋愛に関するつぶやきを探して、そういったものからインスピレーションを得て、みんなが感情移入しやすい歌詞を作っているというのです。

「恋愛ソング」というと自分自身の体験や感情を基に、自分の内側から湧き上がってくる表現が共感を呼ぶと思われがちです。しかし、実際にはマーケティング発想で作られた曲がヒットしている現実があるわけです。

このエピソードは、裏を返せば誰もがみんなの共感を得られることを示唆しています。特別な才能やひらめきがなくても、みんなのTwitterのつぶやきから共感を得る表現のネタが見つかるわけです。

そもそもSNSが普及する以前は、市井に暮らす人がどのような感情を持っているのかを知る手段はほとんどありませんでした。

しかし、今は匿名性があるSNS上でさまざまな人が素直な本音をつぶやくようになっています。つまり、誰もが労せずして、他人の心の動きをリサーチできる時代が到来しているのです。

SNSにあふれている情報の多くはオープンになっています。自分がたくさんのフォロワーを持っていなくても、検索をするだけで瞬時に探し出せます。

せっかく人の心の動きを知り、ファン心理を学ぶチャンスが転がっているのですから、積極的に活用しない手はありません。

人の心の動きを知って、「わかるわかる」「自分もそう思う」と共感する機会を作る。これが共感思考を身に付けていく第一歩となります。

「大きな市場」より、企業にはできない「ニッチな問題解決」を狙う

前項のようにリサーチを行なったら、次に取り組みたいのがターゲット市場の設定です。

ここでのポイントは、大きな市場を狙うのではなく、企業にはできない「ニッチな問題解決」を狙うということです。

なぜ大きな市場を回避するかというと、大きい市場には必ず企業が参入しており、個人で太刀打ちするのは困難だからです。現在は企業が参入していない市場であっても、後追いで企業が参入してきた場合、個人の副業クリエイターには勝ち目がありません。

だから、最初から企業が相手にしないような小さな市場をターゲットにすることが肝心なのです。

クリエイターエコノミーの魅力は、ゆるく、細く、サステナブルに取り組めるところにあります。自己実現のベクトルはさまざまですが、クリエイター活動を通じて人生を豊かにできるという共通点があります。

その意味では、身の丈に合った規模感が最も重要です。企業がやろうとすると採算が取れないけれども、個人がやれば十分なリターンが得られる規模感が狙い目となります。

身の丈に合った小さな市場を見つけるコツの一つは、身近な人が抱えている課題を見つけることです。

とりあえずは、身近な一人の人だけを見て、その人の問題解決を試してみましょう。そこから、自分に合った市場が見つかる可能性があります。

例えば、ママ友がＰＴＡで作成する文書の作成に悩んでいたので、添削を手伝ってあげるなど、ちょっとしたことでよいのです。

ニッチな問題解決を狙うのと関連して、なるべく小規模で活動することにも意味があると思います。

例えば、世の中にはスマホでPodcastの音声を録音し、個人で配信している人がたくさんいます。

スタジオで収録しているわけでも、特別な機材を使っているわけでもないので、音質が良いとは限りません。それでも、コアなファンがついている番組はたくさんあり、番組にメッセージが寄せられたり、リスナーを集めて公開録音を行なったりしています。

小規模で取り組むメリットの一つは、活動している姿がダイレクトに見えることです。クリエイターとファンの距離感の近さが共感を生み出すわけです。

そしてもう一つのメリットは、バイアスがかかりにくいということです。

今、多くの人はテレビや新聞などのメディアに疑心暗鬼になっています。

「どうせスポンサーに配慮して、言いたいことが言えないんじゃないの?」

「誰かに忖度して自主規制しているに決まっている」

こんなふうに疑いの目を向ける風潮があります。

一方で、規制がゆるいインターネットの世界で個人が行なっている表現には、比較的自由が担保されています。既存のメディアに満足できない人が、そこに面白さを感じているという側面があります。

ですから、クリエイターエコノミーに参加する上では、小規模ならではの「小回りのよさ」や「自由度」を意識するのもポイントといえます。

完成品を待つのではなく、「制作過程をすべて」公開する

稼ぎ方1.0の時代は、商品やサービスは完成してからリリースするものと相場が決まっていました。しかし、今の時代は制作過程に価値が見いだされるようになっています。

完成品を作って売るだけではなく、制作過程から収益を得ることを「プロセス・エコノミー」といいます。この概念は起業家のけんすう（古川健介）氏が提唱したのをきっかけに知られるようになりました。

アイドルグループがメンバーオーディションの過程を公開しているのも、制作過程に価値があるからです。これこそ、まさにプロセス・エコノミーにほかなりません。

アイドルのファンは、メンバーがアイドルとしてデビューし、成長する過程を見ながら共感を深めていきます。制作過程は共感を得る上での欠かせない要素であるといえるのです。

クリエイターエコノミーの世界でも「過程を見せて共感を得る」コンテンツが増えています。

例えば、YouTubeでは「アンボックス動画」が人気ジャンルの一つに定着しています。アンボックス動画とは、商品のパッケージを開封する（Unbox）ところから撮影し、その商品の特徴などをレビューする形式の動画を指します。

新しいiPhoneなどが発売されると、いち早く手に入れたユーチューバーがアンボックス動画を投稿するのが恒例となっています。

アンボックスは、もともとガジェットのレビュアーが新商品のレビュー動画を作っていたところから派生したコンテンツだと思われます。

特にアップル製品は外箱もスタイリッシュで美しかったので、外箱の様子から開封するまでのプロセスもレビューの一部として捉えられるようになったというわけです。

淡々と商品の特徴だけを紹介するのと違い、開封の過程を見せることで、視聴者は開封する瞬間のワクワク感を追体験し、その商品を買わない人までもが買ったような気分で盛り上がります。

このアンボックス動画などは、視聴者の共感度を高めるテクニックの一つであり、プロセス・エコノミー的な要素を感じます。

アンボックス動画に限らず、クリエイター活動をする上では、どんどん制作過程を公開していくべきです。

特に個人で活動する場合、最初からうまくいくことなどありません。だから、完成品を待つのではなく、失敗の過程をコンテンツにしていけばよいのです。

「こんなものを作ろうと思ったんですけど、うまくいきませんでした」

そういった失敗の過程を隠せず公開し、エンターテインメントとして楽しんでもらえば、ファンの共感度は高まります。

たとえ失敗しても「トータルで見れば面白い」「次は頑張ってほしい」といったポジティブな反応を引き出せれば、成功といえます。

「ナラティブ」を作る

次にお伝えしたい行動が「ナラティブを作る」です。

ナラティブ（narrative）は「物語」「語り口」といった日本語に訳されます。映画やドラマなどで行なわれる「ナレーション」は、ナラティブと同じ語源の言葉です。

ナラティブとストーリーは、意味合いが異なるとされています。ストーリーは物語の内容や筋書きを表すのに対して、ナラティブは語り手が主体となって自由に語ることを意味します。

また、ストーリーが物語を一方的に語るのに対して、ナラティブは語り手と聞き手の対話を想定しています。

ビジネスにおいてナラティブが注目されるようになったのは、企業が決められたストーリーを語るよりも、ユーザーと対話をしながら自由に語ることに価値が見いだされてきたからといえます。

2022年、人気スマホアプリゲーム「ウマ娘プリティーダービー」と、サントリーのコーヒー「BOSS」がコラボキャンペーンを実施しました。そのとき、サントリーの商品企画担当が「BOSS担当者の想い」という文章を発表し、大きな話題となりました。

「BOSS担当者の想い」は、コラボ企画が実現するまでの経緯や、コラボ企画への熱い想いをしたためたものであり、1万字を超える長文です。

企業がリリースしがちな定型的な文章とは異なり、自分自身がゲームに夢中になり、ウマ娘の世界にどっぷりハマっていったエピソードが綴られていて、その思い入れの強さがウマ娘ファンからも好意的に受け止められたのです。これなどは、ナラティブの成功例の一つといえます。


別の例を挙げると、「よなよなエール」などのクラフトビールで知られるヤッホーブルーイングが、2022年8月に低アルコール飲料「正気のサタン」を発売した際の紹介ページも反響を呼びました。

掲載された文字数は、なんと2万4955文字。単に商品の魅力や素晴らしさを語るだけでなく、開発までの苦悩や試行錯誤を赤裸々に語っているところがユニークであり、注目を集めたポイントでもありました。

日本では、すでにノンアルコール・低アルコール飲料市場が確立されており、ヤッホーブルーイングは後発参入の企業でした。ありきたりのマーケティングでは、既存の商品に対抗するのは至難の業です。そこで発信されたのが、長文の開発秘話だったというわけです。

サントリーとヤッホーブルーイングの事例に共通するのは、企業の公式なメッセージではなく、個人的な想いが多くの人の心に響いたという点です。

企業も個人の想いの重要性に気づいており、担当者の自由な発信を応援しようとする傾向が見られつつあります。

副業クリエイターは基本的に個人で活動しているわけですから、個人的な想いを伝える上で材料に困る心配はありません。ぜひ個人的な物語を積極的に語るべきです。

物語を語るときのポイント

物語を作って語るときのポイントは大きく2つあります。

一つは、前述したように「個人的な想いを積極的に開示する」ということです。エンゲージメントの高いファンを作るには共感が絶対に必要であり、個人的な想いは共感を生む大きな力となります。

2つ目は、「なぜこれをやろうとしたのか」という動機を語ることです。スタートアップでも、経営者が株主やステークホルダーに向けて「なぜこの会社を始めたのか」という動機を語っている姿をよく目にします。

それを見ていると、幼少期の不幸な体験や失敗経験などをきっかけに、その壁を越えるために取り組もうとした動機を語るケースが多いです。動機は説得力につながり、共感を高める力を持っています。

そして3つ目は、「課題意識を伝える」ことです。

課題意識は実体験に基づくものでもよいですし、友人や家族の体験に基づくものでもかまいません。

課題を解決するために取り組もうとする物語は、多くの人の共感と支持を集めます。特に、「社会的弱者を助ける」「環境問題に取り組む」など、社会的課題の解決に取り組む姿勢は共感を呼びやすくなります。

なお、ナラティブは商品やサービスをリリースするときにだけ活用するものではありません。

商品やサービスをリリースしたあと、新たな物語の素材となるのが初期のユーザー(ファン)の声です。いろいろな企業が「お客様の声」「体験者の声」などの情報を公開していますが、これはユーザー同士の共感を呼びやすいからです。

あるいは、ユーザーからのフィードバックをオープンにして、次の商品・サービス開発に生かすのも共感につながりやすくなります。これは一種の共同開発であり、すでに言及したような共犯関係作りに通じる効果があります。

ちなみに、こういった共犯関係作りで成功しているクリエイターの代表例が西野亮廣さんです。西野さんは「制作過程を売る」という手法にいち早く目をつけ、ファンを巻き込んで無料の個展を開催するなどの取り組みを行なってきました。ファンが西野さんのプロジェクトに参加することそのものをエンターテインメント化しているのです。よく「神輿は見ているよりも担ぐほうが楽しい」といわれます。西野さんのファンにとっては、自分も物語の一部に加わっているという実感が大きな満足感につながります。

クリエイターがファンを自分の物語に巻き込む上では、祝祭感の演出や参加しやすい仕組み作りが重要です。

西野さんは、自らオンラインサロンを主催し、定期的にサロンメンバーにメッセージを発信し、さまざまなプロジェクトへの参加を呼びかけています。

やはりクリエイターとファンが物語を共有するにあたっては、クローズドなコミュニティ作りが有効といえます。

コミュニティを作るツールには、第1章で前述したPatreon（パトレオン）などのクリエイター支援プラットフォームがたくさんあります。

西野さんのような有名人でなくても、誰でも小さいコミュニティを作ることが可能な環境は整っています。コミュニティを作り、そこで共感しやすい物語を語っていけば、クリエイター活動は成功しやすくなるはずです。

「1万人のフォロワー」より「エンゲージメントの高い100人のファン」を作る

コミュニティを作ることにも通じる話ですが、クリエイターエコノミーではフォロワー数を増やすよりも、エンゲージメントの高いファンを作れるかどうかが成功のカギを握ります。

確かにヨコのつながりを作る上では、SNS上にフォロワーを得ておくことに意味はあります。しかし、たくさんの人にフォローしてもらっているだけでは、情報ソースが多いということにすぎません。

普通の会社員である副業クリエイターがファンからお金を得るには、それなりのハードルを越える必要があります。SNSでつながっているフォロワーは、商品やサービスを見て「面白そう」「いいですね」と言ってくれるかもしれないですが、お金を払うとなると非常にシビアな評価をします。

「無料だったら商品やサービスを利用してもいいけど、お金を払うんだったら別にいらない」という人が大半です。

だから、「フォロワーの数をひたすら増やせば、その○%くらいはお金を出してくれるだろう」と考えるのは短絡的です。

副業クリエイターを成立させるためには、SNSのフォロワーからファンになってもらう必要があります。ファンになってもらうことで、何らかの商品やサービスを買ってもらえるようになり、はじめて収益化への道が開かれるのです。

今までやみくもにフォロワーを増やそうとしていた人は、濃いファン作りへと発想を転換しましょう。

SNSで最低限のフォロワーを確保しておく必要はありますが、あくまでもフォロワーは情報でつなぎとめている状態です。フォロワーをキープし続けるためには、それなりの情報を定期的に発信する必要があります。

常にネタ切れの不安を抱えつつ、フォロワーを維持する努力を続けなければなりません。最終的に、何のために努力しているのかわからなくなり、モチベーションを失う可能性もあります。

一方、フォロワーの数はそこそこでも、固定ファンがつけば収益化ができますし、クリエイター活動に注力もできます。

ここでは1万人のフォロワーではなく「エンゲージメントの高い100人のファン」としていますが、100人というのはあくまでも目安の数字です。絶対に100人のファンが必要というわけではありません。

ただ、100人くらいのファンがつけば、かなり自由度の高いクリエイター活動ができるはずです。1万人のフォロワーよりも、100人のファンのほうが大きな価値があるのは間違いありません。

リアルイベントでファンを増やす

具体的なファンの増やし方ですが、最初は友だちや友だちの友だちくらいの関係の近しい人からファンになってもらうのが好都合です（ただし、個人を特定されたくない場合、この方法は使えません）。

そこからファンを増やしていく方法の一つが、前述したコミュニティ作りです。有料コミュニティを作っても参加者を獲得するのが難しいので、最初は無料から始めるのが基本です。

おそらく、最初の10～20人のファンがつくまでは、コミュニティ内にいろいろなファンが入れ替わり立ち替わり入ってきて、試行錯誤が続くと考えられます。

その試行錯誤の中で、熱心なファンが一人くらい見つかれば可能性が広がると思います。熱心な一人のファンが何を期待しているのかに注目して、その期待に応えていけば、似たようなファンが少しずつ増えていく可能性があります。

また、熱心な一人のファンが、別のファンを呼び込んでくれるかもしれません。

あるいは、イベントを開催するのも有効な方法です。

インターネット上で、個人が自分で作った商品やサービスを１０００円で買ってもらうのは結構なハードルです。

例えば自作の詩集やラジオの音源に1000円の値をつけたとして、1000円でも喜んで買ってくれる人はごくごく稀だと思います。

けれども、コミュニティの中でオフ会を開催し、1500円の会費を徴収することは比較的簡単です。

やはりクリエイターとファン、ファン同士の結びつきを強めながら、コミュニティを固めていくのが原則です。クリエイターが提供している商品やサービスの価値だけでなく、コミュニティに参加することに価値を感じてもらえるかどうかが重要です。

なお、イベントを行なう場合、オンラインイベントよりリアルイベントを行なうほうがエンゲージメントを高める効果があります。

イベントはあくまで収益化のための手段である以前に、エンゲージメントを高めるための手段です。

人は直接会って話をすると、「情」が生まれます。リアルイベントを開催すると、ファンに親しみを感じてもらうことができ、コミュニティへの定着効果が得られるのです。

イメージしやすいように例を挙げると、Podcastで音声コンテンツを配信している人が、公開収録と飲み会を兼ねたイベントを開催するケースがあります。

みんなが集まった場所で、番組の企画を話し合い、その結果が次の番組作りに反映されれば、ファンのエンゲージメントは確実に高まります。

別に数十人を集めないとイベントを開いてはいけないなどという決まりはありません。「イベント」というと、仰々しく考えがちですが、単純に「オフ会」「飲み会」というイメージで考えれば取り組みやすくなると思います。

「オフ会」「飲み会」は数人でも参加者が集まれば成立します。副業クリエイターが開催するイベントも同じです。仮にコミュニティに30〜40人が参加していたとして、そのうち1割の3、4人がリアルイベントに参加すれば十分です。

数人が集まって共通の話題で盛り上がり、楽しい時間を過ごすだけでも大成功です。20〜30人も集まるイベントを開催できるとなったら、相当なファンを獲得しているといっていいでしょう。そこまでくれば副業クリエイターとして相当うまくいっていると自信を持っていいと思います。

100人近くの固定ファンが定着したら、コミュニティの中で有料会員向けコンテンツを作っていくのもよいでしょう。

さまざまな「タッチポイント」を通じてコミュニケーションを取る

ファンの共感を深めていく上では、さまざまなタッチポイント（顧客接点）を通じてファンとのコミュニケーションを取っていくことが大切です。

「コミュニケーションを取る」とは、リアルやオンラインでファンと関わる機会を作ることが第一に挙げられます。前項でお話しした飲み会やオフ会などは、まさに有効なタッチポイントといえます。

それ以外に、さまざまな商品やサービスの提供もタッチポイントを増やすことにつながります。

そもそも副業クリエイターが最初から1つの商品やサービスで成功するのは困難です。

挑戦できそうなことは一通りチャレンジしてみて、そこからファンの共感を得られそうな内容に絞り込んでいくことが有効です（そこでのファンからのフィードバックの取り方については後述します）。

第3章では情動を起点に動くことの重要性をお伝えしましたが、想いが熱ければ熱いほど、1つのことにこだわってうまくいかないケースが起こり得ます。サンクコストにとらわれたり自分を信じすぎたりして、身動きが取れなくなってしまうのです。

想いの熱さは重要ですが、それがファンには受け入れられない可能性は覚悟しておく必要があります。想いが受け入れられない場合は、柔軟に別のアプローチを試してみましょう。

「人間味」を出す

副業クリエイターの中には、ファンの前で自分を良く見せようとするあまり、無理をしている人が多いように感じます。

しかし、ファンは副業クリエイターのカリスマ性や格好の良さに共感するわけではありません。共感を呼ぶのは人間らしい部分です。だから自分のダメな部分も恐れずにオープンにすべきです。

要するに「格好をつけすぎるな」ということです。

前述した「ナラティブを作る」の項目では、失敗やうまくいかなかった経験も含めて試行錯誤を公開することに意義があるとお話ししました。

「不完全で、ちっとも完璧ではなく、クールでもないけれど、そこに自分と距離感の近い人がいて、その人が頑張って何かを作っている」

そういう姿をありのままに見せることが共感につながります。

制作過程の失敗はあえて隠す必要はありません。繰り返しますが、失敗の過程もエンターテインメントとして楽しんでもらうつもりで取り組みましょう。

「英会話を学びたい一心で○○や□□などをやってみたけど、うまくいかずに挫折してしまった。そんな回り道を経験して、英語を学びたい初心者のためにわかりやすい教え方を考えるようになった」

そんな経験を伝えると、ファンは「自分にもできるかも」「自分もやってみよう」という勇気が得られます。

人間味を出すという意味では、制作過程の失敗を語るだけでなく、自分の人生の失敗談などを語るのもよいと思います。ただし、あまり自分語りに偏ると鬱陶しさが生じるので、あくまでも自分が扱っている商品やサービスに関連した失敗談にとどめておくとよいでしょう。

なお、人間味を伝えるにあたっては失敗談以外にも、好きなことを熱っぽく語ることも大切です。

「この人、○○が好きすぎてどうかしている」

「○○への愛が異常すぎて、すごすぎる」

こういった熱狂が人間味として伝われば、共感度はアップします。

「切り口」を作る

クリエイターエコノミーにチャレンジしたいと考えている人からよく聞く悩みの一つが、「やってみたいけど、商品やサービスに自信が持てない」というものです。

例えば、誰かに英会話を教えたい気持ちはあっても、「じゃあ、あなたの実力ってどの程度なんですか？」と問われると自信を失いそうになります。

「自分より英語ができる人なんて山ほどいる」
「海外経験が長い人と比べたら自分なんてまだまだ」
「発音のうまさということになると、ネイティブスピーカーには太刀打ちできない」

そうやって「上には上がいる」と考え始めると、尻込みしてしまいます。

自信がない人にまずお伝えしたいのは、「根拠がない自信」を持ってほしいということです。上には上がいるというのはそのとおりですが、英語を教えたいと思うような人は、英語を使って仕事をしていたり、普段から英語を使ってコミュニケーションを取ったりしているなど、ある程度の実績は積んでいるはずです。

だったら、初心者に教えられる要素は絶対にあるはずと信じて、とにかくやってみるのが一番です。

そして、もう一つアドバイスをするとすれば、「何か切り口を作ってみる」ということです。「英会話」という大きなくくりでは競争率も激しいので、少し変わったアングルから攻めてみるのです。

例えば、「超初心者が最初の一歩を踏み出すお手伝いをする」とか「業界の専門用語の解説をする」とか「英語で不動産契約をする人のためにレクチャーする」など、独自の切り口を探してみましょう。

切り口を作ると対象者は減りますが、その分、ニーズに合ったファンをつかみやすいというメリットが生じます。

ちなみに、仮に私が英会話を教えるサービスを始めるとしたら「自分の体調の悪さを英語で説明するときの会話を教える」といったサービスを考えると思います。

実際に、私自身は海外で病院に行ったときに「扁桃腺が痛いんです」といった症状を説明するのに苦労した経験があります。また、ネットで検索をしても病院で話すための英会話に特化した動画などがほとんど見つからなかったので、それなりのニーズはあると思います。

切り口を見つけるにあたっては、本書では何度も繰り返しているように、とにかく実際にいろいろ試してみて反応を探っていくしかありません。

競合にかなわない切り口は回避して、自分が勝負できそうな切り口を探してください。

「体験してもらうこと」を意識する

今はものが売れない時代であり、商品やサービスの質だけでは勝負するのが難しくなっています。iPhone ですら、スペックだけでは買ってもらえない状況です。

ものが売れないのは、よくいわれているように「ものがあふれているから」でもありますが、もう一つは「広告が信じられなくなった」からでもあります。

一昔前まではテレビなどの大手メディアが信頼されていたため、テレビでCMを出せば良いものだと信じてもらうことができました。

しかし、最近は既存のメディアが力を失いつつあります。

既存のメディアの情報よりも、SNS上の口コミやレビューなどのリアルな声を参考に消費行動を決定する人が増えています。

しかも、単純に口コミを信頼するのでもなく、「ステマかもしれない」「あえて大げさに良く見せようとしているのかもしれない」という疑いの目を向け、ネットでさまざまな角度から情報を入手し、検証した上でようやく消費行動に移るようになっています。

そこで決定的な影響力を持つのが体験です。体験は共感を喚起する有力な手段の一つです。２０２０年、原宿の駅前に@cosme TOKYO（アットコスメトーキョー）がオープンしました。コスメ・美容の総合情報サイトである@cosme（アットコスメ）による路面店@cosme STORE（アットコスメストア）の旗艦店です。

このお店を訪れて驚いたのは、平日でもたくさんの人で賑わっていることです。店内を見ると、商品の棚には@cosmeのサイトでランキングしている人気の商品が並んでいます。ネットでレビューを見た上で、気になった商品を実際に手に取り、チェックしてから購入できるのです。ネットとリアルな体験を組み合わせて、顧客の購入動機につなげているのです。

本書の読者である個人のクリエイターも体験の機会を作ることはできます。例えば、ワークショップを開催するとか、体験会を行なうなどが考えられます。

体験の機会を作ると、同じような体験をした人同士につながりが生まれ、よりコミュニティの結びつきが強くなる効果があります。試してみる価値は十分あります。

CHAPTER4

まとめ

- ▼クリエイターとしてファンの共感を得るためには、ファン心理を知る必要がある。まず「自分自身が共感する」ことが重要。
- ▼大きい市場には必ず企業が参入し、個人で太刀打ちするのは困難。最初から企業が相手にしないような小さな市場をターゲットにするほうがいい。
- ▼完成品を作って売るだけではなく、制作過程から収益を得ることを「プロセス・エコノミー」という。特に個人で活動するなら、完成品を待つのではなく、失敗の過程すらもコンテンツにしていけばいい。
- ▼クリエイターエコノミーではフォロワー数を増やすよりも、エンゲージメントの高いファンを作れるかどうかが成功のカギを握る。１００人くらいのファンがつけば、かなり自由度の高いクリエイター活動ができる。
- ▼ファンの共感を深めていく上では、さまざまなタッチポイント（顧客接点）を通じてファンとのコミュニケーションを取っていくことが大切。
- ▼そのほかにも「人間味を出す」「切り口を作る」「体験してもらうこと」などを意識すると共感を得ることができる。

CHAPTER5

稼ぎ方2.0の価値基準

「予測重視」から「適応重視」へ

Introduction

本書ではすでにお伝えしたように、今の時代は経験を基に予測を立てても、予測どおりの結果になることはほとんどありません。

誰も予測ができない時代にあっては、いろいろ試しながら正解らしきものを探っていく「適応重視」こそが唯一の方法となります。

この章では、価値基準を「予測重視」から「適応重視」へと変えていくにあたって重要なポイントを挙げていきたいと思います。

すぐに「小さく始める」クセをつける

最初にお伝えしたいのは、何事もすぐに、小さく始めるということです。

まずは、アイデア段階でもコミュニティ内でどんどん発信してみて反応を探ってみる。そして、未完成でもいいから何かを作ってアウトプットし、ファンからのフィードバックを得ることが肝心です。

「商品を完成させる」という発想にとらわれてはいけません。とにかく興味を持ちそうな人・買ってくれそうな人にアプローチをするのが先決です。商品を作るのは最後でよいのです。


スタートアップの業界では、「買ってくれる人を先に見つけろ」という教訓がしばしば語られます。商品が完成した段階で買ってくれる人を探そうとしても、「そんなものいらないよ」と言われてしまったら、そこで終わりです。だから、スタートアップで成功する人は、買ってくれる人を先に探します。

「こういうツール（ソリューション）を活用することで、あなたの仕事や生活は○○のようなメリットを享受することができます。この製品が実際にあったら買いますか？　買うとすればいくらまでなら出しますか？」

このように、買ってくれそうな人たちにアプローチをして、確実に買ってくれる人を先に確保するのです。

「作ってもいない製品」を売り込んだビル・ゲイツ

学生時代のビル・ゲイツには、まだ作ってもいない製品を企業に売り込んだ逸話があります。

１９７４年、アメリカのMicro Instrumentation and Telemetry Systems（MITS）という会社が、「世界初のパーソナル・コンピューター」と呼ばれるAltair 8800（アルテア

8800）を発売しました。

ゲイツは、『ポピュラーエレクトロニクス』という技術誌にアルテア8800の記事が載っているのを目にして、アルテア8800用にBASICという言語でプログラムを書こうと考えました。

ゲイツはMITSに電話をかけ、実際にはまだ何も書いていないのに「プログラムは現在開発中で、もうすぐ完成する」と言いました。要するに、ハッタリで嘘をついたわけです。

MITS側が「プログラムを持ってきたら契約する」と答えたため、ゲイツは急いでプログラムの開発に着手しました。

このエピソードがすごいのは、このときゲイツはアルテア8800の現物を持っていなかったということです。そこでハーバード大学にあるコンピューターにアルテア8800の真似をするプログラムを作成し、それを使ってBASICプログラムを書き上げたというのです。

ゲイツは、こうして完成したBASICをMITSに持ち込み、見事30万ドルでライセンスを提供しました。そして、このときの30万ドルが、マイクロソフト社を設立するための資金となったのです。

最近でいえば、テスラも「作る前に売る」企業の最たる例といえます。テスラの自動車を購入するとき、ユーザーは先に予約金を入金する必要があります。現在の予約金は1万5000円であり、予約金を払えば誰でもネット上で注文できます。ただし、キャンセルしても予約金は返ってきません。

テスラは、予約を起点に自動車の製造を始めます。銀行に対しては「これだけお客が予約をしているから、融資をしてほしい」と説得材料にします。

そのお金で材料を購入し、自動車を製造して納車するという流れです。「お金を集めてから作る」という意味では、テスラは世界最大のクラウドファンディングといえます。

個人がクリエイター活動をするときも、この考え方は同じです。

「道具やスキルをそろえてからでないと取り組めない」
「全部自分で完成させないとクリエイターとはいえない」

これらは単なる思い込みです。

必要なスキルや道具は、求められるアウトプットによって決まります。だからアイデア段階でファンのフィードバックを得て改善を繰り返し、ブラッシュアップしていくのが得策です。

その過程で足りないスキルや道具が見つかったら、学んだり買ったりして対応すればいいのです。

「大規模な市場調査」より目の前の「1人2人の困りごと」にフォーカスする

前項では、「買ってくれる人を先に見つける」というお話をしました。買ってくれる人を見つけるとき、大規模な市場調査は必要ありません。

例えば、1万人のフォロワーを集めてアンケートを行ない、ニーズがありそうな商品やサービスを探っていくとしましょう。

アンケートの結果を参考にして、具体的なアウトプットにつなげられるとは思いますが、それを本当に買ってもらえるかどうかまではわかりません。

大規模な市場調査でわかるのは、買ってくれそうな人の「輪郭」です。「こういうものを作れば買ってくれそう」という輪郭は見えるものの、本当に買ってくれる人が実在するかどうかまでは見えないのです。

大規模な市場調査よりも大事なのは、目の前の1人2人の困りごとにフォーカスすることです。目の前の1人2人の困りごとを解消すれば、必ず商品やサービスを買ってもらえます。買ってくれそうな人がリアルに見えている状況でアウトプットができるようになるわけです。

「目の前の1人2人の困りごとにフォーカスする」は、近所の便利屋さんをイメージすればわかりやすいと思います。

便利屋さんは引っ越しの手伝いや、掃除、家事代行、家具の組み立て、不要品回収など生活の中での困りごとを解消してくれるサービス業です。

ユニークなものでは、クレームの電話対応やストーカーからの電話対応といった厄介ごとに対応してくれる便利屋さんもいるようです。

例えば、便利屋さんの近所に、腰痛で草むしりができないお年寄りが住んでいたとします。

「お困りでしたら、代わりに草むしりをしましょうか」
「ああ、それは助かりますね。おいくらでやってもらえますか？」
「5000円ではどうでしょうか？」
「わかりました。それじゃお願いします」

2人の間にこんな会話が交わされれば契約は成立です。

草むしりが終了したあと、便利屋さんがお年寄りに尋ねます。

「ご近所に同じように草むしりの手が足りなくて困っているお宅はないですか？」
「そういえば、お隣さんも困っていると言ってたよ。ちょうどいい。今からお隣さんに声をかけてみようか」

このようにしてお隣さんからも草むしりの仕事を受注できたら、非常に効率良く「買ってくれる人」を見つけられます。個人で副業クリエイターをする場合は、こんなふうにフットワーク軽く、シンプルに取り組むのがベストです。

私自身、この便利屋さんと同じような手法で仕事をしていた経験があります。学生時代に個人事業主としてプログラマーをしていた時代のことです。

当時は、「ホームページを作りたい」という人のところに行き、ホームページを制作し、「周りにもホームページを作りたいと言っている人はいませんか？」と聞いて、その人を紹介してもらい、受注したホームページを制作するというのを繰り返していました。

当時は営業らしい営業はまったくせず、紹介だけで十分な収入を得られていました。

そのうち、毎回単発で契約するのが煩わしくなってきたので、企業に対して月額でコンサル契約をするようになりました。

毎月、一定の範囲までホームページの更新をする取り決めをした上で、毎月一定額を支払ってもらうようにしたのです。今でいうサブスクのはしりといえます。

サブスクモデルにしてから、さらに仕事の効率が高まり、生活がかなり安定したのを覚えています。

私が不特定多数の人に向かって「ホームページを作りたいと考えていますか？」などと呼びかけていたら、ほとんどリアクションは期待できなかったでしょうし、十分な収益も得られなかったと思います。

大勢の人に向けて市場調査をすると、なんとなく「仕事をした」という気分になります。その一方で、調査の意義が見えなくなりがちです。

そもそも私から見て、企業レベルでも有効な市場調査をしているケースは少ないように感じます。市場調査は専門的なスキルが必要であり、それだけで食べていけるくらい希少価値のあるスキルなのです。

中途半端な市場調査をして仕事をしたつもりになるくらいなら、リアルに困っている人のところに行って困りごとを聞いたほうが、本当に喜んでもらえる仕事ができるはずです。

1人2人が困っているというとき、それがその人固有の困りごとであるケースは非常に稀です。

一人でも本当に困っている課題を抱えているということは、同じような困りごとを抱えている人がほかにもきっといるはずです。一人の困りごとを見つめたら、あとは同じ困りごとを抱えている人へのアプローチを考えていけばいいのです。

市場調査はマクロからミクロに課題を探していく手法ですが、クリエイターエコノミーで有効なのはミクロからマクロへ展開する手法が効果的ということです。

「1つのキャリア」ではなく「複数のキャリア」を持つ

世の中がどのように変わっていくかの予測が難しい時代にあっては、社会との接点を1つに絞るよりも、さまざまな接点を持っていたほうが変化に適応しやすくなります。

端的にいえば、1つの会社に勤務し、そこにキャリアのすべてを依存している場合、会社が破綻した場合にキャリアも終了を余儀なくされます。

あるいは企業で営業職をしている人が、仕事がうまくいかなくなると、とたんに人生が閉ざされたような気分になります。

特にブラック企業でパワハラ気味の上司がいたりすると、毎日叱責されて、メンタル疾患を患ってしまうかもしれません。

1つのキャリアがうまくいかないとわかってから新たなキャリアを構築しようとしても時間がかかります。

しかし、複数のキャリアを同時並行していれば、1つのキャリアがうまくいかなくなったときに、余裕を持って別のキャリアに取り組めるようになります。

収益化できないまでも自分の価値を認めてもらえているキャリアを複数持っていれば、たとえ1つがうまくいかなくなっても、残りの領域から生き残りの道を模索することができます。

「営業成績は下降気味だけど、自分には副業の○○がある。最悪それがあれば生きていける」

そう思えるだけで、気持ちに余裕が生まれます。

私自身、本業の仕事以外に複数の企業の社外取締役やスタートアップの戦略・技術顧問を務めています。また、武蔵野大学アントレプレナーシップ学部で客員教員として学生に教えるという仕事も持っています。

正直にいうと、すべてのキャリアが同時にうまくいっているときはあまりないと感じています。ただ、最低でも1つはうまくいっているキャリアがあるので、何かうまくいかないことがあっても、落ち込むことはありません。

仕事に苦しさを感じている人の多くは、「選択肢のなさ」に苦しんでいるように見えます。日本で働いている人の多くが、「ほかに道を選べない」「我慢するしかない」という論理で自分を追い込んでいるように見えます。

ですから、最低でも3つくらいのキャリアを持っておいてほしいと思います。それだけ複数のキャリアを持つことの精神的な安定感は大きいのです。

複数のキャリアを両立させる方法

複数のキャリアを作るにあたっては、本書でお話ししてきたような副業クリエイターを始めるというのが第一の方法となります。

副業は本業から派生的に誕生するものもあれば、ただの趣味から派生するもののもあります。

個人的な趣味であっても、ただのエンタメとして消費するのではなく、「誰かの問題解決をする」というスタンスに立てば、立派な副業となり得ます。

私の場合でいうと、先ほど、ドラムを叩いてレストランのまかない食を食べさせてもらっていたお話をしました。あれもキャリアになり得る趣味の一つといえるかもしれません。出演料という形でのギャランティは受け取っていませんでしたが、食事をもらうという価値交換は発生しているので「キャリア」といってもあながち間違ってはいないと思います。

ほかに例を挙げれば、趣味でＤＩＹをしている人が、誰かの課題を解決すれば、それがキャリアになる余地はあります。

特にこれからの時代はシニア世代の人口が確実に増えるので、シニア世代向けの問題解決が仕事になる可能性は十分にあります。

お金を払ってもいいから家の中の高い場所にある電球を替えてほしいと思っている人は多そうですし、スマホのアプリの使い方を教えてほしいと思っている人も少なくないはずです。

実際に、街中にあるキャリアショップでは、高齢者向けにスマホの初期設定サポートを3000円程度の料金で請け負っています。キャリアショップが3000円で行なっているサービスを個人が1000円で請け負えば、立派な副業が成立するのではないでしょうか。

あるいは「ゲーム」など、もっと趣味性が高そうな分野でも、キャリアの形成は可能です。

欧米では、オンラインゲームの上級者が、初級者に向けてゲームを教えるためのサイトが充実しています。昔でいえば、ファミコンの攻略本などがゲームファンの人気を集めていましたが、あの攻略の伝授がオンライン上で行なわれているようなイメージです。

特に今は、マルチプレイヤーゲーム（オンラインを通じて、ほかのプレイヤーと遊ぶことができるゲーム）が流行っているのですが、マルチプレイヤーゲームにド素人が参入するとすぐに倒されたりして楽しめないという問題があります。

そこで上級者が、ある程度レベルを上げたり装備をつけたりするサポートをして収入を得ているのです。時代を反映した副業だと思います。

「タグ」を流通させる

複数のキャリアを持つことができている人の多くは、ゆるいネットワークを持ち、その中で引っかかりのあるタグを持っている人であるといえます。

つまり、タグを持ち、タグを見た人から声をかけてもらえるポジションにいることが非常に重要です。

私が武蔵野大学で教員をするようになったのは、アントレプレナーシップ学部の学部長である伊藤羊一さんが「インターネットビジネス基礎」というカリキュラムを作ろうと考えたとき、私の名前を思い出したのがきっかけです。

伊藤さんが私のタグを見て声をかけてくださったのです。

すでに「タグ付け」という言葉は、人材市場においても一般化しつつあります。

最近、学生の就職相談を受けるメンターのような取り組みをしている友人から面白いエピソードを聞きました。

友人が新卒社員に最新の就活動向をリサーチしたところ、面接で一番多く聞かれたのが「あなたにタグをつけるとしたら何ですか?」という質問だったというのです。

おそらく企業で採用担当をしている人たちの多くが『転職2.0』を読んでくださっているということなのでしょう。

今までは「ガクチカ」(学生時代に力を入れたこと)が面接時の質問の代表格でしたが、「タグ付け」がそれに取って代わる時代が来たのかもしれません。

確かに「あなたのタグは?」と聞いて、わかりやすい答えができるかどうかによって、学生のさまざまなスキルを確認できます。

単純に希少性の高いタグが尊重されるというだけでなく、面接官が求めているタグを類推して答えるスキルも問われているということなのでしょう。なかなか高度な質問です。私としては転職を考える社会人に向けて書いたつもりでしたが、予想外の使われ方をしているのを知り、思わず感心してしまいました。いずれにしても、タグの発信がますます重要となるのは間違いなさそうです。

声を聞くための「チャンネル」を複数用意する

第4章では、共感を高めるためにさまざまなタッチポイント（顧客接点）を通じてファンとのコミュニケーションを取っていきましょうとお伝えしました。

そこでは、単にファンとの心理的な距離感を近づけるだけでなく、ファンの声を聞くためのチャンネルを確保することが重要です。

声を聞くためのチャンネルは1つに限らず、複数用意するのが望ましいといえます。

具体的にはTwitterやInstagramなどのSNSでもよいですし、Googleフォームなどのフォーム作成ツールを活用するのもよいでしょう。ほかには単純にメールアドレス経由でフィードバックを得る方法もあります。

チャンネルを複数用意するのは、いろいろなフィードバックを得るためです。ファンによってはTwitterのほうがコミュニケーションを取りやすいかもしれませんし、メールフォームではしっかりした内容で伝えられると考えるかもしれません。

いずれにしても、いろいろなチャンネルからフィードバックを得て、適宜修正できるようにしておきましょう。

ファンの声の中には、ときに辛辣なものや耳が痛いものがあると思います。

もちろん罵詈雑言は論外ですが、それ以外の批判的な意見は改善のネタであるという意識を持つべきです。

例えば「こんなサービス使えない」と言われたとき、イラッとしたり感情的に反論したりするのはもったいない行為です。

逆に「どの辺が使えなかったですか?」「どうすれば、使い続けようと思いますか?」などと、こちらから聞きにいくくらいの姿勢を持ちたいところです。

批判は、期待値と結果のギャップから生じます。ファンが何かを期待していて、その期待を上回ると高評価が得られ、下回ると低評価になるわけです。

つまり、批判している人は「すごく期待していたからこそ、がっかりしている」ということでもあり、がっかりポイントを改善すれば、熱心なファンになってくれる可能性を秘めています。

ただ、どんな期待をしていたのか、期待値をどう上回ったのか（下回ったのか）と、どんな要素が評価に影響を与えたのか、といった情報を知るのは困難です。

だからこそ、直接聞いて掘り下げていく必要があるのです。

声を聞くときのポイントは、「とにかく具体的に聞く」に尽きます。

「良かった」であれば、ピンポイントに「何が良かったのか」を明らかにしていく作業をしていきます。そのためにも、ファンの声に真摯に耳を傾ける姿勢を見せる必要があります。

ただし、同じように「どこが良かったですか？」と質問をしても、全員が全員的確に答えてくれるわけではありません。

どこまで掘り下げていっても「全体的にいいと思ったんですよね」「自分にぴったりきたんですよ」など、雰囲気回答で終わってしまうケースも結構あります。

そんななかで、的確なフィードバックをしてくれる人は非常に貴重な存在です。自分の感想を丁寧に言語化できる人を見つけたときは、その声を大事にしてほしいと思います。

目に見えている状況の「背景」を読み解く

前項のフィードバックの受け方と関連して言及しておきたいのが「背景の読み解き方」です。

よく「顧客は本当に欲しいものを自分で表現することはできない」「自分が想像できる延長線上でしか表現できない」といわれます。そのため、マーケティングのリサーチではユーザーに対して「何の機能が欲しいですか?」と聞くのはタブーとされています。

例えば、クルマが発明される以前の時代に、馬車に乗っている人に「目的地に早く到着するために何が欲しいですか?」と聞いたとすると、「もっと速く走る馬が欲しい」と答えたはずです。

自動車という概念を知らないので、「自動車が欲しい」と表現するのは不可能なのです。

ファンからフィードバックをもらうときも、「何が欲しいか」ではなく、「どんな課題を抱えているか」という背景を聞き出す必要があります。

前述した馬車ユーザーであれば、「目的地に早く着きたい」という課題を聞き出さなければならないわけです。

フィードバックをもらったときには、単純に相手の言葉をそのまま受け取るのではなく、答えている言葉の背景を丁寧に読み解く必要があります。

とはいえ、これは口で言うほど簡単なことではありません。「○○をすれば背景を確実に聞き出せる」という明確な方法があるわけでもないです。

「どうしてそう答えたのか？」「背景にどんな課題を感じているのか」を想像し、「○○ということでしょうか？」と掘り下げていくしかありません。

あえて一つの方法を挙げれば、複数人からインタビューをして情報を整理するやり方が考えられます。

似たようなカテゴリで困っている2、3人の人に質問をして、そこで表現されている「困っていること」をすべて書き出します。

それを並べてグルーピングしていくと共通項が見いだせて、課題を絞り込める可能性はあります。ぜひチャレンジしてみてください。

CHAPTER5

まとめ

▼何事もすぐに、小さく始めることが大事。未完成でもいいから何かを作ってアウトプットし、ファンからのフィードバックを得るといい。

▼買ってくれる人を見つけるとき、大規模な市場調査は必要ない。大事なのは、目の前の1人2人の困りごとにフォーカスすること。

▼予測が難しい時代にあっては、さまざまな接点を持っていたほうが変化に適応しやすくなる。複数のキャリアを同時並行していれば、1つのキャリアがうまくいかなくなったときに、余裕を持って別のキャリアに取り組めるようになる。

▼複数のキャリアを持つことができている人の多くは、ゆるいネットワークを持ち、その中で引っかかりのある「タグ」を持っている人。

▼ファンからフィードバックをもらうとき、「何が欲しいか」ではなく、「どんな課題を抱えているか」という背景を聞き出す必要がある。フィードバックをもらったときには、単純に相手の言葉をそのまま受け取るのではなく、答えている言葉の背景を丁寧に読み解く必要がある。

CHAPTER6

稼ぎ方2.0の行動

「計画的」から
「アジャイル的」へ

Introduction

クリエイターエコノミーでは、長期的なスパンで計画を立て、プランどおりに達成していくのではなく、短いスパンでサイクルを回しながら完成を目指していく「アジャイル的」な方法が有効だとお伝えしました。

では、「アジャイル的」な方法とは具体的にどのようなことなのでしょうか。

この章では、アジャイル的に行動するための方法や考え方についてお話ししたいと思います。

複数のアイデアを「同時に」動かす

商品やサービスをアウトプットする前に、自分の頭で「これは絶対にうまくいくはず」「これはちょっとダメそう」などと判断してはいけません。

いったん「良い・悪い」の判断は保留し、とにかくアウトプットしてみる。そしてファンの反応やフィードバックを見ながら判断していくのが望ましい進め方です。

また、最初から1つのアイデアに固執しないというのも大きなポイントです。

できれば5つくらいのアイデアを同時並行で動かし、結果の評価を行ない、一番良かったものをさらにチューニングしていくのが理想です。

例を挙げて考えてみましょう。

普段の仕事で培ったスキルを生かして、オフィスソフトのTipsを紹介しようと考えるAさんがいるとしましょう。

Aさんは、自分ではエクセルを最も得意としていて、エクセルの使い方に関しては自信を持って教えられると自負しています。

ここでAさんにお伝えしたいのは、テーマを1つに絞らないことです。例えば、「エクセルのTips」「パワーポイントのTips」「ワードのTips」「オフィス製品全般のTips」「整理整頓のTips」など、テーマを5つくらい立てて、それぞれ別アカウントを作って発信してみます。

その中で、「パワーポイントのTips」に一番引きがあった場合は、それに絞ってアウトプットを続ける、といったイメージです。

確かに5つのアイデアを同時並行するには結構な労力が必要です。ただ、1個のアイデアだけ試して失敗して、また別の1個を試して……という方法よりも、一度に試したほうがうまくいきそうなテーマが早く見つかるメリットがあります。とにかく最初が頑張りどころです。

5つのアイデアを立てるときのポイントは、第一にわかりやすさを意識することです。例えば、「社会人のお金の知識」というテーマは漠然としていてわかりにくいので、パッと見で内容がわかりやすいものにするのが得策です。

「月に〇円貯金する方法」「〇円を作ってFIREする」「〇〇投資で〇円の資産を作る」など、内容を具体的にするとわかりやすさが出ます。

また、差別化も欠かせないポイントです。

プラモデルを製作・販売している人であれば、「ガンプラが得意」「城を作るのが得意」などとジャンルを細分化させることで、差別化ができます。

とはいえ、わかりやすい表現を心掛けて差別化を意識しても、そこに潜在的なファンが存在しなければ買ってもらえないという問題は残ります。

だからこそ、頭の中で考えすぎず、「とりあえずやってみる」が肝心です。

今、世の中でインフルエンサーとされている人も、最初から大バズりしたわけではありません。いったんアウトプットしたコンテンツを修正しながら、徐々に注目度を高めていったアジャイルの歴史があります。

日本ではユーチューバーの代名詞的な存在であるHIKAKIN（ヒカキン）氏も、最初はヒューマンビートボックスの動画を上げていたことで有名です。とにかくいろいろ取り組むなかで、進むべき方向性が見えてくる。この原則を忘れないようにしてください。

「2週間×3回」のサイクルで見直す

先ほど、「5つくらいのアイデアを同時に動かす」といいましたが、では、どのくらいの頻度で修正を行なえばよいのでしょうか。

「アジャイル的」というとき、一般的にはおおよそ2週間が1つのサイクルとなります。先ほどウーダループというフレームワークに言及しました。

このフレームワークでいうと、何かを実践してから2週間程度で、以下の4つのサイクルを回すことになります。

①Observe（観察）
②Orient（状況判断、方向づけ）
③Decide（意思決定）

このサイクルを繰り返しながら、精度を高めていくわけです。

④ Act（行動）

おおよその目安ですが、最初の2週間×3回程度は、マイナーチェンジを行ないます。最初から大きく変えすぎると効果が見えにくくなるので、この段階では限定的な改善にとどめます。

2週間×3回くらいサイクルを回すと、それなりの知見が蓄積されると思います。6週が経過したら、蓄積した知見を基に大きな改善を図ります。

例えば、5つのテーマを3つに絞り込む。あるいは5つのテーマは維持したまま、そのうちの3つを入れ替えるといった具合です。

その状態で、再び2週間×3回のマイナーチェンジを行ないながら知見を積み重ねます。

6週が終わったら、また大きな改善を図ります。

このサイクルを繰り返して内容を固めていきます。

2週間×3回というのはあくまでも目安ですが、このくらいのスパンで取り組むと検証や改善に取り組みやすいのではないかと思います。

2週間サイクルでのマイナーチェンジ、6週間のタイミングでの大きな改善をする際には、ファンの反応を丁寧に分析することが大事です。

「どういう人が利用しているのか」
「どういう人がフォローしているのか」
「どういう反応を示しているのか」
「どんなコメントをしているのか」

こういったポイントに注目して、反応を分析します。それぞれのプラットフォームにはダッシュボードがあるので、それをじっくり観察するのが基本です。最初は反応が少ないので難しいと思いますが、地道に続けていくのが唯一の道です。

「想定ファン」を探しにいく

アジャイル的に行動していく上で意識してほしいのは、「こういう人がファンになるだろうな」という「想定ファン」を自分から探しにいくことです。

ファンを探すときにカギとなるのが「タグ」です。

基本的に何かのファン同士はタグを通じて、ゆるくヨコにつながっています。ですので、特定のタグをつけて情報を発信している人を探していけば、ファンになってくれそうな人が見つかりやすくなります。

既存のSNSであれば、ファンはどこからでも見つかるはずです。

例えば、「Twitter や Instagram で趣味や感性が合っていそうな発信をしている人を見つけたら、そのアカウントに飛んで、つながってみましょう。

つながった人が自分のファンになってくれる可能性もありますが、ファンになってくれなくても、その人の発信を参考にすることはできます。

自分のアウトプットの改善に役立ちそうな情報を参考にして、商品やサービスを洗練させていけば、確実にレベルアップできるはずです。

新しいプラットフォームには「とりあえず」飛びつく

環境の変化に対応するという意味では、新しいものが出たときに「とりあえず飛びつく」というスタンスも大事です。

特に、新しいプラットフォームが登場したら、とりあえず試してみることをおすすめします。飛びついてうまくいかなければ、すぐにやめればいいだけです。

なぜ、新しいプラットフォームに飛びついたほうがいいのか。大きな理由の一つは、先行者利益を得やすいからです。

既存のプラットフォームには、すでにたくさんのフォロワーを抱える強者がたくさんいます。今からYouTubeを始めてすでに一定の影響力を持っている競合に割って入るのは至難の業です。

しかし、新しいプラットフォームに関しては、全員が同じスタートラインからゲームを始めることになります。

新しいプラットフォームが普及するのかどうかはわからないですが、早く始めたほうが有利なのは間違いありません。

新しいプラットフォームは、コンテンツの発信とファン作りの両方に活用できます。特に既存のSNSに紐付いていればネットワーク効果が働きます。

2021年のはじめごろ、音声SNSのClubhouse（クラブハウス）が登場し、ちょっとしたブームになりました。

そのとき、私は2か月にわたって毎日のように音声配信を行ないました。ちょうど初の著作である『転職2.0』の発売直前だったので、営業活動をかねてフォロワー数を伸ばそうと目論んだのです。

いろいろなルームに飛び込みで参加し、せっせと話をした結果、約2か月でフォロワー数が4万人近くにまで増えたのを覚えています。

クラブハウスのブームは短期間で落ち着きましたが、私は今でも配信を行なうことがあります。現在では、100人程度のルームでも人気とされるような状況であり、コアなファンの集まりへと細分化している印象です。

「安定的なファンがつくSNS」という捉え方をすれば、クラブハウスにも十分に活用の余地はあると思います。


新しいプラットフォームで発信するときも、それまでのプラットフォームと同じコンテンツを発信すれば基本的に問題ありません。

ただ、欲をいえば、そのプラットフォームの特性や空気感に合わせて若干テイストを調整するとよいかもしれません。

例えば、クラブハウスは音声のみで発信するので、あまり長々と話すとうざったく受け止められるおそれがあります。

私自身、クラブハウスでは端的な表現を心掛けるようにしています。端的に話すと賢そうに聞こえるので、フォローしてくれる人も多かったように感じます。

プラットフォームの特性にうまくハマれば、ほとんど同じコンテンツなのに急に人気が出るようなことも期待できます。

実際に、YouTubeのブームには乗り遅れてしまった人が、TikTokで活躍しているようなケースもあります。しかも、狙って人気になったというより、「やってみたら当たった」パターンが多いように見受けられます。

もっと古い例でいえば、ブログでほとんど注目を集めていなかった人が、Twitterを始めたとたんに人気に火がついたという話もあります。

何がハマるかはやってみないとわかりません。繰り返しますが、「とにかくやってみる」が肝心です。

ファンの「意見」を取り入れる

フィードバックを得るために、自分からファンの声を求めるのもおすすめです。

「ぜひコメントをください」
「ご意見があればお寄せください」

こんなふうに、オープンに意見を求める姿勢を発信することには大きな意味があります。ファンから有用なコメントを得られれば、商品やサービスの改善につなげることができます。仮に改善とは無関係なコメントをもらったとしても、ファンとのエンゲージメントを高めるきっかけになり得ます。

ですから、コメントをもらったら、小まめにレスポンスをしましょう。

ファンは、自分のコメントがどのように受け止められるかに注目しています。コメントがクリエイターに取り上げられれば、単純に嬉しくなります。

クリエイターが受け取ったコメントに対して丁寧にレスポンスをしていけば、「ただ見ている人」から、お金を払ってくれる人になってくれるかもしれません。

逆にコメントを放置していると、コミュニティからすぐに離脱されてしまうので注意してください。

あるいは、定期的にコメントに答えている過程を見せる機会を作ってもよいでしょう。

例えば、インスタライブやYouTube Liveなどのライブ配信では、コメントを画面に表示させたり読み上げたりするのが定番になっています。

コメントを紹介するとみんなで盛り上がっている空気感を演出できるので、アイドルがライブ中にひたすらコメント読みをしているのもよく見かけます。ただコメントを読み上げるだけでコンテンツが成立するのです。

「コメントを参考にして、コンテンツを作り変えてみようと思います」
「〇〇というコメントをもらって、さっそくサービスを改善してみました」

日常的にこのような発信を行ない、参加意識を高めていけば、ファンは「自分もコンテンツの一部になっている」という感覚を持ってくれるようになります。

自分の意見が直接反映されなくても、ファンのコメントが大事にされているという雰囲気が伝わるだけで、親近感を覚えます。

ファンのコメントは生命線です。ぜひ大切にしてほしいと思います。

コンテンツを「1つに絞れたら」やること

先ほど、5つくらいのアカウントで異なるコンテンツを同時並行でアウトプットし、「2週間×3回」のサイクルで見直していくプロセスについてお伝えしました。

見直しのサイクルを経て、うまくいきそうなコンテンツが1つに絞られたとしましょう。

そうなれば、ほかに費やしていた時間を1つに集中して投入できるようになります。

そこで、コンテンツの精度を高めていくことを考えましょう。

まず試してほしいのは「改善の頻度を高める」です。前述した2週間のサイクルを1週間にするなど、改善の回数を増やすということです。

あるいは、発信の頻度やファンのコメントへの返信を増やすのもよいと思います。発信を増やした分だけ、ファンを増やす効果が高まります。

それに関連して、つながりを持てそうな人をフォローするなど、自分を見てもらうための努力も根気よく行なう必要があるでしょう。

長く活動していると、コミュニティから離脱するファンも当然出てくると思います。「既存のファンを重視するか」「新たなファンを追い求めるか」というのは、副業クリエイターにとっても避けて通れない問題といえます。

既存のファンを重視しすぎると、コミュニティには新しいファンが入り込みにくい閉鎖的な雰囲気が生まれます。常連さんが幅を利かせて一見客が入りにくい飲食店みたいな感じです。

一方、新しいファン向けのコンテンツを充実させていくと、既存のファンは物足りなさを感じます。「昔はもっと楽しかったな。ちょっと変わりすぎて自分はついていけない」と考えて離脱してしまうわけです。

ある程度古いファンが離脱して、新しいファンが入ってくる新陳代謝が起こるのは自然の成り行きです。

だから、この問題への対応に正解はありません。

ファンの反応を見ながら、既存のファン寄りのコンテンツを重視するのか、新しいファン寄りにするのか、アジャイル的に対応していくしかありません。

ただ、基本的にはコアなファンは固定化されつつ、少しずつ新たなファンが増えていく展開が理想です。長期的にファンを積み上げていくことを意識しながら取り組んでいきましょう。

「常に」新たな機会を求める

アジャイル的に行動するという意味では、自分自身のキャリアも状況に応じて柔軟に変えていく必要があります。

何か面白そうなプロジェクトがあれば参加してみる、転職してもっと副業しやすい働き方を実現するなど、常に新たな機会を求めることが重要です。

例えば、今では勤務地という概念を廃止し、フルリモートOKにしている会社や職種も増えてきました。

キャンプに興味を持ち、キャンプ情報を発信しているクリエイターが、こういった会社や職種に転職して、キャンプをしやすい場所に引っ越せば、副業クリエイターとして活動しやすくなるのは間違いありません。

私は「副業のためにはとにかく転職したほうがいい」というつもりはありません。同じ会社で働き続けるのも一つの選択肢です。

ただ、最終的に転職しないにしても、世の中の働き方はものすごいスピードで変化していて、新たなスタイルの会社がどんどん誕生しています。

こういった情報を感度高く受け止め、興味のある話を聞きに行ったり、調べたりする姿勢を持ちたいものです。

先ほど「新しいプラットフォームができたときにとりあえず飛びついてみる」とお話ししました。それと同じような感覚で、とりあえず新しい働き方を見ておく・知っておくことが肝心です。

本業と副業のバランスをどう取るか、そのために今の働き方をどう変えていくかを常に見直していく。その姿勢を忘れないようにしてください。

まとめ

▼いったん「良い・悪い」の判断は保留し、とにかくアウトプットしてみる。そしてファンの反応やフィードバックを見ながら判断していくのが望ましい進め方。

▼ウーダループのフレームワークで、2週間×3回くらいサイクルを回す。それにより、常に改善をし続けることが大事。

▼新しいプラットフォームが登場したら、とりあえず試してみる。既存のプラットフォームと違い、全員が同じスタートラインからゲームを始めることになるので、早く始めれば勝ちやすい。

▼オープンに意見を求める姿勢を発信することには大きな意味がある。ファンから有用なコメントを得られれば、商品やサービスの改善につなげることができる。

▼コンテンツが1つに絞れたら、ほかに費やしていた時間を1つに集中して投入できるようになる。そこで、コンテンツの精度を高めていくことを考える。

▼アジャイル的に行動するという意味では、自分自身のキャリアも状況に応じて柔軟に変えていく必要がある。何か面白そうなプロジェクトがあれば参加してみる、転職してもっと副業しやすい働き方を実現するなど、常に新たな機会を求めることが重要。

CHAPTER7

稼ぎ方2.0の人間関係

「タテのつながり」から「ヨコのつながり」へ

Introduction

いよいよ最後の章に入りました。

改めて振り返ると、稼ぎ方 2.0 の時代に重要となるのは「ヨコのつながり」です。
ヨコのつながりは多くのチャンスを生むものであり、クリエイターエコノミーにおいて不可欠な要素となっています。

最終章では、人間関係に注目して、「タテのつながり」から「ヨコのつながり」へシフトしていくための考え方や行動についてお伝えしていきたいと思います。

「会社人」から「仕事人」へと変わる

ヨコのつながりを作るにあたって、最初に取り組みたいのは、「会社人」から「仕事人」へとマインドセットを変えるということです。

会社人は、自分が所属している会社をベースに物事を考えています。「会社から寄せられている期待に応えるために働く」「会社に守られているから仕事ができている」など、会社に自分を合わせるという発想で動いています。

一方、仕事人は自分に何ができるかを考えます。

自分が持っているスキルを生かすことを優先し、それによって会社にどう貢献できるかを追求しています。

「会社に守られているから自分がいる」ではなく、「自分がスキルを発揮できているから会社にいる」というマインドで仕事に取り組んでいるわけです。

本業で1つの会社に在籍し続けている人も、複数のキャリアを成立させるためには、仕事人の考え方へシフトする必要があります。言い換えれば、会社視点から個人視点へと視点を切り替えるということです。

仕事人のマインドを持てば、会社内での仕事の仕方が確実に変化します。

例えば、自分のスキルを生かせると思えれば、新しいプロジェクトにも積極的に関わろうとするでしょう。部署を超えて会社に貢献する余地を探すようになるはずです。

部署横断のプロジェクトに取り組む場合、他部署の人とのつながりが強くなります。必然的にタテのつながり（上司や先輩）だけでなく、ヨコのつながり（他部署）にも自然と目が向くようになります。

つまり、仕事人のマインドに変えることで、ヨコのつながりへの意識が確実に高まるのです。

「会社中心」より「プロジェクト中心」で動く

仕事人のマインドを持つと、社内のプロジェクトに限らず、社外のプロジェクトでも貢献できるかもしれないと考えられるようになります。これがプロジェクト中心で動くという発想へとつながります。

「プロジェクト中心」で動く人は、もはや会社に縛られることがありません。社内の部署の枠を超えて仕事をするレベルから、会社の枠を超えて「プロジェクト中心」で動けるようになるのです。

私が知る限り、スタートアップで成功している人は、ノリで始めたプロジェクトが盛り上がり、そのまま起業するようなパターンが多いです。

「会社の仕事かどうか」などはたいした問題ではありません。興味があること、自分が貢献できそうなことを積極的に見つけて動く習慣を身に付けることが重要なのです。

ところで「社外のプロジェクト」というと、会社の枠を超えたコラボ企画など、大がかりなものをイメージする人がいるかもしれません。

社外のプロジェクトは選ばれた人しか参加できない特殊な機会と思われがちですが、実は気軽に取り組めるものもたくさんあります。

エンジニアの世界では、GitHub（ギットハブ）などのオープンソースのプロジェクトがたくさん存在しています。ギットハブとは、世界中の人が自分のプログラムのソースコードやデザインデータを保存・公開できるプログラム管理サービスのこと。

エンジニアがプログラムを公開し、自分で履歴を残しながら更新したり、ほかのエンジニアが修正したりする仕組みであり、今では多くの開発現場で活用されるようになっています。こういったプロジェクトに最初はボランティアとして参加し、後々有償で仕事を得るようになるケースもあります。

もちろん、エンジニア以外でも、知り合いや友人が行なっている副業を手伝うとか、NPOでの活動もあるでしょうし、ボランティアワークのような取り組みも考えられます。

実例を挙げると、私の周りでもヨコのつながりから副業のキャリアを築いた人がいます。

私がYahoo! JAPANに在籍していたとき、社内に非常にナレーションが上手な社員がいました。社内で動画を撮るときなど、その人にお願いをして、ボランティアでアフレコなどをしてもらう機会がたびたびありました。

本人もナレーションに興味と意欲があり、ボランティアで絵本の朗読を行なうなどさまざまなプロジェクトに関わりながらスキルを磨いていました。

そんな経緯があり、私がリンクトインに移籍した際、仕事としてナレーションを依頼し、eラーニングの英語版の日本語吹き替えをお願いしたことがあります。

このように、ヨコのつながりを生かして何かのプロジェクトに参加すると、また新たなプロジェクトに参加するチャンスが巡ってくるようになります。

ヨコのつながりは、後々必ず役に立ちます。

「会社軸」より「興味・関心軸」で人とつながる

参加するプロジェクトをもっと趣味的に捉えてもいいと思います。

例えば、別々の会社で働く人たちが「バイク」「グルメ」「キャンプ」など共通する趣味をテーマにPodcastで番組を作るといった事例があります。好きな趣味で仲間とつながってクリエイターエコノミーに参加するチャンスもたくさんあります。

もっと古くからあるポピュラーな趣味の集まりは、アニメや漫画などの同人サークルです。

「好き」が共通している人たちが集まり、同人誌を作り、コミケ（コミックマーケット）などで販売する。こういった活動は、すでに文化として定着しています。そう考えると、コミケはクリエイターエコノミーを象徴するようなイベントではないでしょうか。

同人サークルで活動している人たちは、会社という軸ではなく、「興味・関心軸」で趣味仲間とつながっています。

興味・関心軸で人とつながる最大のメリットは、普通に会社対会社で仕事をしているときにはつながれないような人とつながるところです。

会社の仕事においては、取引先の担当者と仕事をしていくなかで、多少親しくなることはあっても、一緒に何かの活動をするという展開にはなかなかなりにくいと思います。

一方、趣味の集まりであれば、すぐに興味関心でつながって、一緒に活動ができます。つまり、興味関心でつながるネットワークを持っていると、副業がしやすいのです。副業キャリアの機会の多くは、こういうネットワークから得られるケースが大半です。

興味・関心軸で人とつながるためには、興味・関心に関わるタグで検索して仲間を見つけておくのが一つの方法です。あとは、自分の周囲の人に「○○に興味・関心を持っている」と公言しておくことも大切でしょう。

ビジネスカンファレンスやイベントに「参加する」

ヨコのつながりを作る有力な手段の一つとして、最近私が注目しているのが各種のビジネスカンファレンスです。

ビジネスカンファレンスが開催されるときには、しばしばボランティアスタッフの募集が行なわれます。例えば、日本最大級のビジネスカンファレンスである「Industry Co-

Creation（ICC）サミット」は、宿泊・交通費などを自己負担するボランティアによって運営が行なわれています。

こうしたカンファレンスの運営に参加することは、会社では決して作れないヨコのつながりを構築できる非常にいい機会です。

もちろん、ビジネスに関連するイベントだけでなく、趣味に関わるイベントもたくさん開催されています。興味を感じたものには、とりあえず参加してみる、飛び込んでみる姿勢を持ちたいものです。

ビジネスカンファレンスやイベントに参加する場合は、主催者に近い人、あるいはハブ的な役割を担っている人と積極的につながることをおすすめします。いわゆる「キーパーソン」と呼ばれるような人です。

主催者とつながるのもいいのですが、必ずしも主催者がキーパーソンであるとは限りません。主催者以上に顔が広く、いろいろな人とつながっているキーパーソンが、カンファレンスやイベントには必ず何人か存在します。

そういったキーパーソンと仲良くなると、ヨコのつながりが一気に広がりますし、何かあったときに人とつなげてもらえたりします。

例えば「○○に興味があるんですよ」と話したときに、「じゃあ○○さんと話すといいんじゃないかな。今度紹介してあげるよ」と言ってくれることが多いのです。

ぜひ、キーパーソンとのヨコのつながりを意識してみてください。

「一度一緒に」プロジェクトをやってみる

前項と関連して、何かのプロジェクトに一度でも一緒に取り組んだ人の数を増やしていくことには大きな意味があります。

「同じイベントに参加して同じ場にいた」という関係性しかない人に対して、「こういうコミュニティを立ち上げるのでよかったら参加してください」などとお願いしても、拒否されるか身構えられてしまうのがオチです。

一方、一緒に何かのプロジェクトに取り組んだという経験を共有していると、数年の時間を隔てても普通に会話ができる関係を維持できます。何かあったときに相談したり、コミュニティへの参加を呼びかけたりしやすくなります。

つまり、「何かを一緒にした」という人の数を増やした分だけ、強いヨコのつながりが生まれるのです。

私は、10年近く前に東京タワーで豆まきをする「すごい豆まき」というイベントを主催した経験があります。

「すごい豆まき」は、鬼のコスプレをした参加者同士が無病息災を願って豆をぶつけ合うというイベントです。

使用する豆は、震災復興に少しでも貢献できるよう、東北の農家から廃棄予定のクズ豆を購入。イベント終了後は、豆を拾い集め、肥料として再利用するという取り組みでした。

このイベントを最初に発案したのは、Yahoo! JAPANの現社長（2023年1月現在）である小澤隆生さんです。当時、小澤さんは楽天を、私はヤフーを退社した直後であり、お互いに多少時間の余裕がありました。

「何か面白いイベントをしたいね」などと雑談をしているときに、たまたまスペインのトマト祭りの話題になりました。トマト祭りはスペイン東部のブニョールという小さな町で行なわれる祭りであり、大量のトマトを参加者が投げつけ合うインパクトのある光景がおなじみです。読者の皆さんも、テレビなどで一度は目にしたことがあると思います。

トマト祭りの開催中、小さな町は参加者で盛り上がり、貴重な観光資源ともなっています。「あれってすごいイベントだよね」などと言い合っているうちに、いつの間にか「うちらもああいうイベントをやってみようよ」という話に発展しました。

ただ、日本でトマトを投げつけ合うと農家の人に怒られそうですし、心理的にちょっと抵抗があります。

「日本で投げても怒られなくて、ひんしゅくも買わない食べ物って何だろう」と考えていたとき、豆まきという伝統的なイベントを思い出しました。

最初は、豆まきイベントを小さく試すことにしました。

知り合いと親しいカラオケボックスの店長さんに「店内で豆まきをやってもいいですか？」と許可をもらい、とりあえず30キロくらいの豆を購入し、10人くらいの参加者で投げまくってみました。

まさに、本書で前述した「すぐに小さく始める」の実践です。30キロもの豆を投げ合う体験は思っていた以上に楽しく、みんなで大盛り上がりすることができました。

「次は、もっと大規模に、東京タワーで豆まきをやってみよう」

そんな経緯で「すごい豆まき」というイベントが誕生したのです。

「すごい豆まき」のプロジェクトはコアメンバーが5、6人。あとは学生などに声をかけて、ボランティアスタッフを60人くらい集めたと記憶しています。単純に「面白そうなイベントだから手伝いたい」というボランティアが集まったくれたおかげで、試行錯誤しながらもイベント開催にこぎつけることができました。

そして、当日は口コミだけで600人ほどの参加者を集め、1.2トン分の豆を盛大にまき合ったのです。

イベントはテレビでも取り上げられ、想像以上に大バズりしました。

翌年には参加者が1000人近くまで増え、もともとは収益化を目的としていませんでしたが、その後スポンサー企業がつき、「すごい豆まき」は企業主催で数年にわたって継続されることになりました。

今でも当時一緒にプロジェクトに取り組んだボランティアの人から連絡をもらい、チャットでコミュニケーションを取る機会があります。「あのとき豆まきでボランティアをしていました」と言われると、感謝の気持ちも湧きますし、とりわけ親しみも感じます。こういうつながりの人に対しては、困ったときには何か助けになりたいという気持ちになります。

別に、新規のイベントを開催しなくてもかまいません。子どもの学校のPTAに参加し、一緒に運営する経験をするのでもよいと思います。一緒にタスクを共有して取り組んでいると、お互いの人となりを知ることができます。それ以外にも「この人、文章を作るのがうまいな」「みんなの意見を取りまとめるのが上手」など、お互いの得意分野も理解し合えます。

こういうヨコのつながりを作っておけば、後々生かされることが多いと思います。

定期的に連絡を取る「クセ」をつける

ヨコのつながりを維持するためには、一度つながった人と定期的にコミュニケーションを取り続ける必要があります。

とはいえ、つながっている全員とコミュニケーションを取らなくても大丈夫です。

何かのプロジェクトで力を借りたいとき、相談を求めたいときに助けになってくれるのは、自分にできない役割を担ってくれる人、自分にはない視点からアドバイスをくれる人です。

だから、自分には真似できない特別な能力を持っている人、尊敬できると思える人を中心に、つながりのメンテナンスを行ないましょう。

コミュニケーションの方法としては、SNSで「お元気ですか?」「最近、どうされていますか?」などと軽いメッセージを送るのもいいですし、「久々にお茶でもしましょう」と声をかけるのもよいと思います。

お互いに近況報告をするだけで、つながりは維持されます。相手に心理的な負担をかけない範囲で、定期的に連絡を取るクセをつけましょう。

私自身、定期的に連絡を取ってコミュニケーションを取っている人が何人もいます。例えば、『プロセス・エコノミー』の著者であるＩＴ批評家の尾原和啓さんとはしばしば連絡を取り合っています。

尾原さんが日本に来るときには、必ずお茶を飲みながら話をする機会を作り、海外で見てきたことを教えてもらったり、私がしている仕事について教えたりしています。

私が『転職2.0』を発表したとき、尾原さんからプロモーションの方法を事細かに教えてもらい、そのとおりに実践しました。

本の出版は私にとってのクリエイター活動であり、まさにヨコのつながりがクリエイター活動に生かされた事例だと思います。

ファンとは「フラットに」付き合う

最後にお伝えしたいのは、ファンとの上下関係を作らず、フラットに付き合うことの大切さです。

会社では、どうしても年齢や役職に基づく上下関係を意識する機会があります。日本では「席順は○○さんが上座」「挨拶は○○さんが先」など、配慮を求められる職場が多いと思います。

しかし、クリエイターエコノミーの世界ではクリエイターとファンはフラットな関係であるのが原則です。

特にヨコのつながりにおいては、誰に対しても同じように接することが基本です。私自身、どの年齢の人と話すときも敬語を使い、「さん付け」で呼ぶように意識しています。

もちろん、ファンとの関係はクリエイターとしてのキャラクターに依存する部分が大きいので、あえて上から目線で話すのもアリです。

例えば、デーモン閣下がファンに向かって急に敬語を使ったら、かえって違和感が生じるでしょう。

ただ、副業クリエイターは少しずつヨコのつながりを広げていくわけですから、上から目線でキャラ作りをしたり、偉そうに話したりするのは得策ではありません。

フラットな話し方以外に意識したいのは、一言でいうと「謙虚さ」です。

クリエイターというと「我が道を行く」「自信に満ちあふれていて当たりが強い」というイメージを持つ人もいるかもしれません。

しかし、実際に優れたクリエイターには謙虚な人が多い傾向があります。なぜなら、ファンの声を聞いて、アジャイル的に変化を加えていくにあたっては、親しみやすさや話を聞き入れてくれそうな雰囲気を持つ必要があるからです。

謙虚なクリエイターは、苦言を呈されたときにも、ヒートアップして反論するのではなく、貴重な意見を受け止めて改善へとつなげています。

逆に、うまくいったときも天狗にならずに、ファンの声を大事にして自分を高める努力を続けます。

そういった謙虚でオープンなマインドを持っているかどうかが、クリエイター活動の成否を分けるのです。

最後に強調したいのは、「相手を決めつけない」ということです。

ファンの中には、少しとっつきにくそうな人、嫌みっぽい表現をしがちな人もいます。そういう人と接すると、「話を聞きたくない」「この人の言うことは受け入れたくない」と心を閉ざしたくなります。

しかし、そんなファンが貴重なアドバイスをしてくれることもあります。

とりあえずは相手を一方的に判断せずに、一度は謙虚な姿勢で話を聞く姿勢を持ったほうがよいでしょう。それでもどうしても受け入れられない、目に余る態度を取るファンは、ある程度の段階で見切りをつけ、そっと放置すればよいのです。

ファンとフラットな関係を続けながら、クリエイター活動を長く継続してほしいと願っています。

CHAPTER7

まとめ

▼ヨコのつながりを作るにあたって、最初に取り組みたいのは、「会社人」から「仕事人」へとマインドセットを変えること。「自分に何ができるか」を考え、それによって会社にどう貢献できるかを追求する。

▼「プロジェクト中心」で動く人は、もはや会社に縛られることがない。会社の枠を超えて「プロジェクト中心」で動けるようになることが大事。

▼会社という軸ではなく、「興味・関心軸」で趣味仲間とつながる。普通に会社対会社で仕事をしているときにはつながれないような人とつながることができる。

▼何かのプロジェクトに一度でも一緒に取り組んだ人の数を増やしていくことには大きな意味がある。一緒に何かのプロジェクトに取り組んだという経験を共有していると、何かあったときに相談したり、コミュニティへの参加を呼びかけたりしやすくなる。

▼ファンとの上下関係を作らず、フラットに付き合うことが大切。謙虚でオープンなマインドでいられるかが、クリエイター活動の成否を分ける。

おわりに

最後までお読みいただきありがとうございます。

ここまでお読みになって、あなたはどんな感想を持ったでしょうか。

クリエイターエコノミーの潮流を実感し、キャリアを複数持つことの重要性を理解し、副業クリエイターへの道を一歩踏み出したいという気持ちになったでしょうか。そうなってくれたらと願っています。

振り返ってみると、私は人一倍多様な働き方を経験してきました。

大学時代には個人事業主や起業を経験し、新卒では大企業に入社して大企業の働き方を目の当たりにしました。その後、スタートアップに転職し、その企業が買収されて大企業となり、さらに海外企業に移籍し……という具合に、さまざまな職場でさまざまな働き方に触れてきました。

だから経営者の視点で働き方を見ることもありますし、イチ会社員の視点で働き方を見ることもあります。

そんな経験を経て、現在は本業のほかに複数の副業キャリアを並行させているわけですが、ありがたいことにすべてのキャリアを存分に楽しめていると自負しています。


これから私自身がどんな働き方をしていくのかは未知数です。

またまた本業が変わるかもしれませんし、副業がもっと増えるかもしれません。本業と副業と趣味の境界線がさらに曖昧になってくるような気もしています。

自分でも予測はつきませんが、いずれにしても変化を楽しみ、アジャイル的に改善を繰り返しながら最善を追求したいと思います。


最後にお伝えしたいのは、自分のキャリアは自分で決めるということです。

私は『転職2.0』という本の中で、「自分株式会社」を意識しながら人生を歩んできたとお話ししました。そして「自分株式会社」の発想が求められると述べました。

「自分株式会社」を意識するとは、自分が自分自身の経営者であるという自覚を持ち、自分にとっての幸せの最大化を目指すことを意味します。

「自分株式会社」という発想は、もちろん副業のキャリアを考えるときにも重要となります。

まずは、自分のキャリアを会社任せにするのではなく、キャリアのオーナーシップを持つことが肝心です。自分のキャリアに当事者意識を持ち、何をすべきかを自分で考えていくのです。

「自分株式会社」を意識すれば、会社の仕事の取り組み方も変わってくるはずですし、副業を自分の幸せの最大化を実現する手段の一つであると捉え、モチベーション高く取り組むことができると思います。

……などと、あれこれ語ってきましたが、百聞は一見に如かずです。

小さなこと・できることから、あなたの働き方の変革にチャレンジしてみてください。

失敗も楽しみながら、自分の手で新しい働き方を作っていってください。

そして幸せの最大化をぜひ実現してください。

この本の内容は自身の経験だけではなく、これまで関係しているすべての会社、示唆やインスピレーションをくださるメンターや友人のみなさんによってできあがっています。心から感謝申し上げます。

特に、SBクリエイティブの編集者さんには前著『転職2.0』に続き、出版の機会をいただきました。そして前著に引き続き、渡辺稔大さんに言語化をお願いし、客観的に振り返りながらブラッシュアップすることができました。本書の第7章でも提案している「プロジェクト中心」の働き方を今回も実践できたことを嬉しく思うとともに、「一度一緒にやってみた」ことで強固になったヨコのつながりの力を実感しています。また、長年のスーパーアシスタント金井由香里さんには、今回も執筆にあたり多くのサポートをいただきました。この場を借りて御礼申し上げたいと思います。

また、いつかあなたと働き方の答え合わせをする機会を得られたら嬉しいです。

一緒に稼ぎ方2.0を楽しんでいきましょう!

村上　臣

著者略歴

村上 臣（むらかみ・しん）

元・LinkedIn（リンクトイン）日本代表。

武蔵野大学アントレプレナーシップ学部客員教員/ポピンズ社外取締役/ランサーズ社外取締役。

青山学院大学理工学部物理学科卒業。大学在学中に現・Zホールディングス会長川邊健太郎らとともに有限会社電脳隊を設立。日本のインターネット普及に貢献する。

2000年にその後統合したピー・アイ・エムとヤフーの合併に伴いヤフーに入社。2011年に一度ヤフーを退職。

その後、孫正義が後継者育成のために始めた「ソフトバンクアカデミア」で、ヤフーの経営体制の問題点を指摘したことを機に、当時の経営陣に口説かれ、2012年にヤフーへ出戻る。弱冠36歳でヤフーの執行役員兼CMOに就任。600人の部下を率い、「爆速経営」に寄与した。

2017年11月、米国・人材系ビジネスの最前線企業・LinkedInの日本代表に就任。欧米型の雇用に近づきつつあるこれからの日本において、ビジネスパーソンが生き抜くための「最先端のキャリア・働き方の情報」を日本に届けることを個人のミッションとする。

国内外の雇用事情に精通した「キャリアのプロ」として、NewsPicksアカデミア講師、日経電子版Think!エキスパート等を務めるなどメディアにも多数登場し、転職や働き方について発信している。

複数のスタートアップ企業で戦略・技術顧問も務める。

稼《かせ》ぎ方《かた》2.0

「やりたいこと」×「経《けい》済《ざい》的《てき》自《じ》立《りつ》」が両立《りょうりつ》できる時《じ》代《だい》

2023年4月12日　初版第1刷発行

著　　者　村上 臣
発 行 者　小川 淳
発 行 所　SBクリエイティブ株式会社
〒106-0032　東京都港区六本木2-4-5
電話：03-5549-1201（営業部）

装　　丁　井上新八
本文デザイン　高橋明香（おかっぱ製作所）
校　　正　ペーパーハウス
DTP　株式会社RUHIA
編集協力　渡辺稔大
編集担当　水早 將
印刷・製本　中央精版印刷株式会社

本書をお読みになったご意見・ご感想を
下記URL、またはQRコードよりお寄せください。

https://isbn2.sbcr.jp/18971/

落丁本、乱丁本は小社営業部にてお取り替えいたします。定価はカバーに記載されております。本書の内容に関するご質問等は、小社学芸書籍編集部まで必ず書面にてご連絡いただきますようお願いいたします。

ISBN978-4-8156-1897-1